教育部人文社会科学研究规划基金项目资助：贵州红色资源与高校民族团结教育（项目批准号12YJA710065）

中央党史办、教育部高校人文社会科学重点研究基地：中国共产党革命精神与文化资源研究中心（遵义师范学院）重点支持项目

贵州红色资源与高校民族团结教育研究

GUIZHOU HONGSE ZIYUAN YU GAOXIAO MINZU TUANJIE JIAOYU YANJIU

主编◎王爱华

西南交通大学出版社
·成都·

图书在版编目（CIP）数据

贵州红色资源与高校民族团结教育研究 / 王爱华主编. —成都：西南交通大学出版社，2014.3
ISBN 978-7-5643-2956-3

Ⅰ. ①贵… Ⅱ. ①王… Ⅲ. ①革命传统教育 – 教育资源 – 研究 – 贵州省②民族团结 – 教学研究 – 高等学校 – 贵州省 Ⅳ. ①D642②D633

中国版本图书馆 CIP 数据核字（2014）第 039222 号

贵州红色资源与高校民族团结教育研究

王爱华　主编

责 任 编 辑	张慧敏
封 面 设 计	墨创文化
出 版 发 行	西南交通大学出版社
	（四川省成都市金牛区交大路 146 号）
发行部电话	028-87600564　028-87600533
邮 政 编 码	610031
网　　　　址	http://press.swjtu.edu.cn
印　　　　刷	成都蜀通印务有限责任公司
成 品 尺 寸	170 mm × 230 mm
印　　　张	11.25
字　　　数	208 千字
版　　　次	2014 年 3 月第 1 版
印　　　次	2014 年 3 月第 1 次
书　　　号	ISBN 978-7-5643-2956-3
定　　　价	32.00 元

图书如有印装质量问题　本社负责退换
版权所有　盗版必究　举报电话：028-87600562

前　言

近些年来，西方国家把煽动极端民族主义思潮作为对社会主义国家、欠发达国家进行颠覆活动的重要手段，而且通过多种方式在少数民族地区高校师生中散布民族分裂主义的思想，国内民族分裂主义势力也千方百计地在高校寻找可利用的力量，企图破坏我国民族团结统一的大好局面。高校是我国重要的思想政治和文化阵地，面对西方敌对势力的渗透和国内民族分裂主义的活动，我们必须把对师生的民族团结教育抓紧。尤其是在少数民族地区的高校，这一任务更加迫切。实现这一任务有许多方面的工作，其中充分挖掘红色资源中关于民族团结方面的生动材料，对高校师生进行热爱祖国大家庭、坚持民族团结统一、反对民族分裂的教育是不可忽视的重要方面。

红色文化是革命前辈，包括无数先烈在完成近代以来中华民族面临的"两大历史任务"过程中，用理想和热血写成的，它是中华文明的瑰宝。红色文化中的民族团结统一的思想和实践，是马克思主义民族理论和中华文明中的"注重社会和谐，强调团结互助""注重亲仁善邻，讲求和睦相处"等民族精神高度融合的生动体现。它已经成为我国人民的一种宝贵的精神财富，一种维护祖国团结统一的强大精神力量。针对少数民族地区高校师生中存在的民族感情、民族观念的实际，挖掘中国地方红色文化资源中关于民族团结方面的生动材料，探索出切实可行的途径与方法，进行民族团结教育，抵制西方敌对势力的"西化""分化"图谋，这是从一个层面对中国化马克思主义民族理论的深化研究，对高校师生最生动的革命传统教育和社会主义爱国主义教育，是对中央提出的"三贴近"原则的切实贯彻。这个方面的工作，无论从理论上看还是从政治实践上看，都具有重要的意义。

因此,《贵州红色资源与高校民族团结教育研究》一书分上下篇,从五个方面对贵州红色资源与高校民族团结教育的影响和作用进行了探索和研究。

上篇理论篇第一章主要介绍了马克思主义民族理论及其当代价值,主要是马克思主义经典作家的民族理论及其当代价值解读,指出马克思、恩格斯、列宁、斯大林的民族发展规律的思想奠定了马克思主义民族理论的基础,马克思主义民族理论的阶级属性决定了关于民族问题发展规律的观点,马克思、恩格斯、列宁、斯大林制定民族政策的纲领和处理民族问题的原则至今仍然是马克思主义民族理论的指南。上篇第二章介绍了马克思主义民族理论的中国化成果。这实际上是全书的一个基础理论背景,我们正是在马克思主义经典作家民族理论的基础上来探索红色文化资源与贵州高校民族团结教育这一主题。

下篇实践篇主要介绍了贵州红色文化资源中关于民族团结的历史篇章,包括红军在贵州期间的民族政策及主张、红军对贵州少数民族风俗民情的尊重、贵州红色文化中的民族团结佳话等内容。对贵州少数民族地区高校师生,特别是少数民族师生关于民族观念、民族认同、民族感情的现状分析。这个部分是为了增强民族团结而言,包括贵州少数民族基本情况概述,贵州高校少数民族师生民族观念、民族认同与民族情感现状调查,贵州高校少数民族师生民族观念、民族认同与民族情感现状的基本评估。关于用贵州红色文化资源进行高校民族团结教育的途径与方法探索,这个部分是本书的目的所在,包括贵州红色文化资源与高校民族团结教育的关联性、贵州红色资源与高校民族团结教育的整合、贵州红色文化资源与民族团结教育的方法创新等内容。

《贵州红色资源与高校民族团结教育研究》由王爱华任主编,全书由王爱华、罗中昌负责总统筹和编纂。课题组成员遵义师范学院罗中昌教授、谢东莉博士、唐露萍博士、贵州师范大学杨文武教授参与收集和整理了大量资料,并参与撰写和修改部分文稿,付出了辛勤的劳动,在此,我要向他们表示由衷的谢意！还有西南交通大学出版社的领导和编辑对此书的出版给予了大力支持，在此一并表示衷心的感谢！

　　本书内容由于涉及面广，书中参考并采用了许多专家学者大量的研究资料，但因篇幅有限，对引用而未注明出处的作者，表示最真诚的谢意和歉意。由于我们理论知识和实践经验的局限，文中难免存在不少缺点和不足，敬请读者批评指正。

编　者

2013 年 11 月 11 日

目 录

上篇 理论篇

第一章 马克思主义民族理论及其当代解读 …………………… 3
  第一节 马克思、恩格斯的民族理论 ……………………………… 3
  第二节 列宁、斯大林对马克思主义民族理论的发展 …………… 12
  第三节 马克思、恩格斯、列宁、斯大林民族理论的当代价值 …… 28

第二章 马克思主义民族理论的中国化成果 …………………… 47

下篇 实践篇

第一章 贵州红色资源中的民族团结 …………………………… 79
  第一节 红军在贵州期间的民族政策及主张 ……………………… 79
  第二节 红军长征对贵州少数民族风俗民情的尊重 ……………… 87
  第三节 贵州红色资源中的民族团结佳话 ………………………… 93
  第四节 贵州红色文化中的民族统战内容 ………………………… 106

第二章 贵州高校师生民族观念、民族认同、民族感情的现状分析 …… 117
  第一节 贵州少数民族基本情况概述 ……………………………… 117
  第二节 贵州高校少数民族师生民族观念、民族认同与民族情感的现状调查 …… 121
  第三节 贵州高校少数民族师生民族观念、民族认同与民族情感现状的基本评估 …… 135

第三章　利用地方红色文化资源加强贵州高校民族团结教育的途径与
　　　　方法探索 ··· 140
　第一节　贵州红色文化资源与高校民族团结教育的关联性 ············ 140
　第二节　贵州红色资源与高校民族团结教育的整合 ·················· 144

附：红色文化活动素材举隅 ·································· 159

上篇　理论篇

第一章　马克思主义民族理论及其当代解读

马克思主义经典作家对民族和民族问题的论述，在我国统称为马克思主义民族理论。这是一个具有普遍原理意义的理论体系，包括马克思、恩格斯、列宁和斯大林等经典作家对于民族和民族问题的论述，是中国现当代马克思主义民族理论的渊源。

马克思主义经典作家的民族理论，对于我们今天中国特色社会主义建设的实践仍然具有重要的指导意义，其基本原理、基本的立场、观点和方法都需要我们有清楚的基本把握，并作出当代的解读。

第一节　马克思、恩格斯的民族理论

一、马克思主义民族理论的创立

马克思、恩格斯在揭示人类社会发展规律、探索无产阶级革命理论的同时，也涉及到了对民族和民族问题的研究。或者说，他们主要是在自己理论的整体框架内关注民族和民族问题，在对民族和民族问题的大量研究和论述中逐渐形成了具有普遍原理意义的马克思主义民族理论。

马克思、恩格斯曾经是民主主义者，19世纪40年代才完成了自己从民主主义者到共产主义者的转变，树立了辩证唯物主义和历史唯物主义的世界观，重视和研究了民族问题及其规律。

从政治历史背景上来看，19世纪40年代末至60年代，欧洲资产阶级民族民主革命深入发展，无产阶级作为一支独立的政治力量开始登上世界政治舞台，解放运动兴起，世界各国，尤其是欧洲和亚洲各国的民族解放运动也随之高涨。

从经济社会发展的历史来看，19世纪70年代到90年代，自由竞争资本主义开始向垄断资本主义过渡，资本主义具有了帝国主义的性质，殖民化问题出现，帝国主义国家与殖民地半殖民地国家之间的矛盾、无产阶级与资产阶级之间的矛盾和斗争相互交织，呈现出新的时代特征。

在这种历史环境条件下，马克思、恩格斯以极大的精力投入理论研究，广泛收集并研究了近代民族学的研究成果，进一步探索了无产阶级革命战争与被压迫民族解放的关系及无产阶级夺取政权后的建国问题等，逐步形成了马克思主义民族理论体系。

（一）马克思主义民族理论的发端

马克思、恩格斯在揭示人类社会发展规律、探索无产阶级革命理论的同时，也十分注意对民族和民族问题的研究。

马克思主义经典文献中，第一篇论述民族问题的重要著作是马克思在1844年发表的《论犹太人问题》。马克思在文中首次涉及到犹太人的民族平等问题，阐明了民族问题与社会革命的关系，把民族问题的解决与无产阶级革命联系起来了。马克思在文中指出："政治解放当然是一大进步；尽管它不是一般人的解放的最后形式，但在迄今为止的世界制度内，它是人的解放的最后形式。"[①] 换言之，在人的解放（共产主义）到来之前，政治解放是一个重要的阶段。马克思的这种思想，对于还将长期处于社会主义初级阶段的中国特色社会主义来说，在民族和民族关系问题上，具有重大的现实指导意义。

1844年9~11月间，马克思和恩格斯第一次合写的《神圣家族，或对批判的批判所做的批判》中，批判青年黑格尔派思辨唯心主义和论述历史唯物主义时明确指出"古往今来每个民族都在某些方面优越于其他民族"，提出了民族平等的思想。

1845~1846年，马克思、恩格斯完成了他们合作的《德意志意识形态》。这是马克思、恩格斯构建历史唯物主义理论时期的巨著，是马克思主义成熟阶段的著作。虽然不是论述民族问题的专著，但是，这部著作中最早提出了关于民族、民族交往、世界交往、民族问题等方面的原理，涉及到了许多民族和民族问题的理论观点，开始对民族形成问题、民族与生产力的关系问题进行初步研究，提出野蛮向文明过渡，地方局限性向民族过渡的著名论断，揭示了民族产生与生产力发展的关系以及经济基础对民族关系的决定性影响。

《论波兰》与《论波兰问题》是马克思和恩格斯在1847年至1848年纪念1830年波兰起义和1846年克拉科夫起义两周年大会上发表的几次演说。在

---

① 《马克思恩格斯文集》第1卷，人民出版社2009年版，第32页。

《论波兰》中揭示了"现存的所有制关系是造成一些民族剥削另一些民族的原因"的观点和民族消亡的历史规律及民族消亡的先决条件。这些著作的发表标志着马克思主义民族理论的初步形成。

(二) 马克思主义民族理论的确立

马恩经典《共产党宣言》《路易斯·亨·摩尔根〈古代社会〉一书摘要》和《家庭、私有制和国家的起源》等著作的相继发表,标志着马克思主义民族理论最终确立。

1848年2月正式以单行本形式在伦敦问世的《共产党宣言》,是马克思执笔写成的著作,也被译成《共产主义宣言》,是卡尔·马克思和弗里德里希·恩格斯为共产主义者同盟起草的纲领,是国际共产主义运动第一个纲领性文献,也是马克思主义诞生的重要标志。在这个宣言中,马克思、恩格斯一方面揭示了"人对人的剥削一消灭,民族对民族的剥削就会随之消灭。民族内部的阶级对立一消失,民族之间的敌对关系就会随之消失"①;另一方面提出了国际主义和爱国主义相统一的原则。

在《路易斯·亨·摩尔根〈古代社会〉一书摘要》和《家庭、私有制和国家的起源》这两篇著作中,马克思、恩格斯剖析了人类从原始部落逐步发展成为民族,最后形成国家的具体过程,完善了马克思、恩格斯早年提出的"三个过渡"理论。

在这一阶段,他们还对欧亚许多民族问题进行了研究,撰写了《论波兰问题》《德国的革命和反革命》《不列颠在印度统治的未来结果》《民主的泛斯拉夫主义》等著作,提出了一系列关于民族问题和殖民地问题的思想,促进了马克思主义民族理论的最终确立。②

二、马克思主义民族理论的基本内容

前面介绍马克思、恩格斯民族理论的创立时,已经谈到了他们的民族观点和理论的一些内容,现就这两个经典作家的民族观点和理论作一些梳理,以对他们的民族理论有一个比较全面的把握。

---

① 《共产党宣言》,中国社会科学院民族研究所编:《马克思恩格斯论民族问题》(上册),第131页。
② 参见张三南《论马克思主义民族理论中国化的历史发展——从经典作家民族理论到"中国模式"》,《民族研究》2010年第1期。

马克思主义民族理论的内容十分丰富，它的基本原理概括起来主要有以下几个方面。

（一）关于民族形成、发展和消亡的历史唯物主义解释

马克思、恩格斯把辩证唯物主义和历史唯物主义运用于社会、民族和殖民地的研究，形成了他们关于民族发展规律的理论。

1. 民族是一个历史的范畴，是在氏族、部落、部落联盟的基础上产生的

马克思、恩格斯没有给民族下过完整的定义，但是，在对众多民族的丰富多彩的描述中，揭示过民族这一社会现象的本质及其基本特征。

马克思认为，民族是与氏族、部落、部落联盟不同的，发展层次更高的一种社会共同体。在马克思的手稿《路易斯·亨·摩尔根〈古代社会〉一书摘要》中可以看出，马克思认为古希腊的社会组织有四个阶段：氏族、胞族、部落和民族。民族是在部落联盟的基础上形成的、与组成该民族的各部分的原则相协调的共同体，①"部落联盟是与民族最近似的东西"②。

马克思、恩格斯在民族形成问题上曾经提出"三个过渡"理论，即野蛮向文明过渡、部落制度向国家过渡、地方局限性向民族过渡。近30年之后，恩格斯经过潜心钻研，又在《自然辩证法·劳动在从猿到人的转变过程中的作用》中写到："劳动本身一代一代地变得更加不同、更加完善和更加多方面。除打猎和畜牧外，又有了农业，农业以后又有了纺纱、织布、冶金、制陶器和航行。同商业和手工业一起，最后出现了艺术和科学；从部落发展成了民族和国家。"③"从部落发展成了民族和国家"，这是恩格斯对民族出现的时间及过程的科学总结，是对民族形成的一般规律的经典概括。

当然，部落发展为民族是一个漫长的过程，在这一过程中可能还会有反复和过渡。

2. 民族的基本特征

民族的基本特征马克思没有直接论述过，可是，他从另外的角度曾经谈到，"'民族'（nation）一词被人们用来称呼许多印第安部落，因为它们的人数虽然不多，却各有其独特的方言和地域"④。"民族之划分和地域之划分是

---

① 《马克思恩格斯全集》第45卷，人民出版社2003年版，第507页。
② 同上，第426页。
③ 《马克思恩格斯全集》第20卷，第516页。
④ 《马克思恩格斯全集》第45卷，第426页。

在密切联系的。"① 显然，马克思揭示了民族有两个基本的特征，那就是"共同的地域"和"共同的语言"。民族是指那些具有共同的地域和共同的语言的人们的共同体。

后来，恩格斯在他的《法兰克时代》中，通过对古代日尔曼民族历史和民族语言的研究，对民族的特征提出了"共同的历史""共同的方言"和"一种比较牢固的区联盟"这样的概念，他认为，血统联盟随着人口数目的增加和民族的继续发展而愈来愈被人们忘却了。"这种情形首先表现在整个民族上面。共同的世界愈来愈不认为是实际的血统亲属关系；关于这方面的记忆愈来愈淡薄了，余下来的仅仅是共同的历史和共同的方言。相反，在一个区的居民内部，血统联盟的意识自然保存得较长久些。因此，民族便成为一种比较牢固的区联盟了。"②

除了共同的语言、牢固的地域或联盟、共同的历史这些特征外，马克思和恩格斯还看到了民族情感和民族性格，这也是民族的一个基本特征。恩格斯说："英国的政治活动、出版自由、海上霸权以及规模宏大的工业，几乎在每一个人身上都充分发展了民族特性所固有的毅力、果敢的求实精神、还有冷静无比的理智。"③古诺曼人的性格就是"极端的闭关自守状态，在这种闭关自守的状态下，表达丰富的思想和感情的不是语言而是行动，即粗暴地对待妇女、经常酗酒和疯狂好战，而又多愁善感。"④

3. 民族是社会发展到一定历史阶段的产物，民族的发展受社会发展的制约

马克思、恩格斯在《德意志意识形态》中第一次明确指出："物质劳动和精神劳动的最大的一次分工，就是城市和乡村的分离。城乡之间的对立是随着野蛮向文明的过渡、部落制度向国家的过渡、地方局限性向民族的过渡而开始的。它贯穿着全部文明的历史并一直延续到现在（反谷物法同盟）。"⑤可见，民族是人类社会迈向文明时代、进入国家制度的共生物。

民族自形成以后就处于不断的变化发展之中。恩格斯在《论封建制度的瓦解和民族国家的产生》中对民族的变化发展加以研究之后就指出："从中世纪早期的各族人民混合中，逐渐发展起新的民族，……关于怎样在一个地方发生了融合，而在另一个地方却发生了分离，我们从门克编制的中洛林各区

---

① 《马克思恩格斯全集》第45卷，第495页。
② 《马克思恩格斯全集》第19卷，人民出版社2006年版，第540页。
③ 《马克思恩格斯全集》第1卷，人民出版社1995年版，第658-659页。
④ 《马克思恩格斯全集》第5卷，第464-465页。
⑤ 《马克思恩格斯全集》第3卷，人民出版社2002年版，第56-57页。

地图上可以看到一个明确的图景。"① 显然，他们认为，民族的变化发展是多种多样的，既有民族分化现象，也有民族同化现象；有民族分离的现象，也有不同民族组合而形成新的民族的现象；社会的发展必然会消除各民族原始的闭关自守状态，消除各民族间的隔绝和对立，到了共产主义社会，随着国家和阶级的消灭，民族差别消亡之后，民族也会消失。

4. 民族同化规律的初步探索

马克思、恩格斯关于民族发展的理论中初步涉及了民族同化的问题。他们在《德意志意识形态》中提到："在蛮人的占领下，一切都取决于被征服民族此时是否已经像现代民族那样发展了工业生产力，或者它的生产力主要还只是以它的联合和现存的共同体形式为基础。其次，占领的性质是受占领的对象所制约的。如果占领者不依从于被占领国家的生产和交往的条件，就完全无法占领当地银行家的体现于票据中的财产。"② 这段话实际上已经涉及了民族同化的问题。

在世界各民族的历史中，征服与被征服是屡见不鲜的现象，其间就掺杂着同民族同化的现象。征服民族能否同化被征服民族，取决于被征服民族的生产力发展水平和社会文明程度。如果被征服民族的生产力发展水平和社会文明程度高于征服民族，那么征服民族就要"依从于被占领国家的生产和交往的条件"，征服民族就往往同化于被征服民族。相反，当被征服民族的生产力发展水平和社会文明程度低于征服民族时，被征服民族就会自觉不自觉地接受征服民族的先进文化，靠拢征服民族的文明程度，征服民族同化被征服民族。换言之，民族同化的方向——谁同化谁，不是取决于强大的武力，而是取决于生产力水平和社会文明程度。

（二）关于民族问题发展规律的理论

马克思和恩格斯没有对民族问题发展规律作过专门的论述，但是，从他们留下的大量文献来看，他们在揭露资本主义剥削制度的时候，在指导各国工人运动的时候，已经注意到了一个现象，那就是民族问题与阶级问题紧密相关。他们用阶级分析方法，从一个独特的视角看问题，揭示了民族问题的一些基本发展规律。他们有一个最基本的观点，认为私有制是民族压迫和民族剥削的根源。

---

① 《马克思恩格斯全集》第21卷，人民出版社2003年版，第451页。
② 《马克思恩格斯论民族问题》，民族出版社1987年版，第105页。

1. 阶级成分渗透在民族的组成成分里面，阶级的划分比民族的划分更深刻更重要

马克思、恩格斯认为，在阶级社会里，每个民族里面都存在着不同的阶级。恩格斯说过："今天的德意志民族是由封建贵族，资产阶级，小资产阶级，农民和无产阶级构成。"① 这是一个很有代表性的表述，根据这个阶级分析的方法，完全可以推论出民族并非利益完全一致的整体，存在着不同的阶级成分，当然也就存在着阶级的对立和斗争。

马克思、恩格斯不仅认为民族成分里面存在着不同的阶级及其对立和斗争，而且，还认为阶级的划分比民族的划分更深刻更重要。恩格斯在《英国工人阶级状况》一文中指出："资产阶级和地球上所有其他民族之间的共同点，比起它和它身边的工人之间的共同点，都要多得多。工人比起资产阶级来，说的是另一种习惯语，有另一套思想和观念，另一套习俗和道德原则，另一种宗教和政治。这是两种完全不同的人，他们彼此是这样地不相同，就好像他们是属于不同的种族一样"。② 这是从整个世界范围的视角来看问题的，马克思也认为存在着"工人的民族性"和"资产者的民族性"③。按照这一逻辑，正是这一阶级分析的方法才能正确揭示民族压迫的社会根源。

2. 民族压迫的根源在于阶级压迫和剥削制度

根据马克思主义的基本原理，私有制发展到一定的时候就成了万恶之源，当然也是民族压迫和剥削的总根源，所以，要彻底解决民族问题必须消灭剥削制度。马克思曾经说过："要使各民族真正团结起来，他们就必须有共同的利益。要使他们的利益一致，就必须消灭现存的所有制关系，因为现存的所有制关系是造成一些民族剥削另一些民族的原因；对消灭现存的所有制关系关心的只有工人阶级。只有工人阶级能做到这一点。无产阶级对资产阶级的胜利也就是克服了一切民族间和工业中的冲突，这些冲突在目前正是引起民族互相敌视的原因。"

我们当然不能只看到一些民族的资产阶级与另一些民族的劳动人民之间的矛盾，还要看到不同民族的劳动人民之间也会不同程度地存在着矛盾，有的时候还相当尖锐。不过，值得注意的是，这些矛盾的根源仍然是私有制和剥削制度。

由于认为私有制是万恶之源，那么，铲除了私有制，一切问题就会迎刃

---

① 《马克思恩格斯全集》第 7 卷，第 398 页。
② 《马克思恩格斯全集》第 2 卷，第 410 页。
③ 《马克思恩格斯全集》第 42 卷，第 256–257 页。

而解了。正是根据这一前提，马克思、恩格斯指出："人对人的剥削一消灭，民族对民族的剥削就会随之消灭"，"民族内部的阶级对立一消失，民族之间的敌对关系就会随之消失。"①

3. 压迫其他民族的民族是不能自由的

马克思、恩格斯的民族观不只是对被压迫民族表现出深切的同情，而且对压迫民族推行民族压迫政策的后果也是持批判态度的。在这个问题上，他们提出过一句很经典的名言："任何民族当它还在压迫别的民族时，不能成为自由的民族"②

恩格斯说过："从爱尔兰历史的例子中就可以看到，如果一个民族奴役其他民族，那对它自己来说该是多么的不幸"③"谁也不能奴役一个民族而不受惩罚"④"压迫其他民族的民族是不能获得解放的。它用来压迫其他民族的力量，最后总是要反过来反对它自己的。只要俄国士兵还侵占着波兰，俄国人民就既不能获得政治解放，也不能获得社会解放。"⑤ 马克思也提到："目前在英国正重复着在古罗马到处都能看到的事件。奴役其他民族的民族是在为自身锻造镣铐"⑥

根据马克思主义基本原理，无产阶级只有解放全人类，才能最终解放自己。这是把民族问题的解决和共产主义革命学说联系在一起了。

（三）无产阶级的国际主义原则

坚持无产阶级的国际主义，这是马克思、恩格斯提出的无产阶级处理民族问题的一项基本原则，其中核心的内容是加强各个民族的无产阶级的国际联合。

根据马克思主义的理论，全世界的无产者"有共同的利益，有共同的敌人，面临着同样的斗争；所有的无产者生来就没有民族的偏见，所有他们的修养和举动实质上都是人道主义的和反民族主义的。只有无产者才能够消灭各民族的隔离状态，只有觉醒的无产阶级才能够建立各民族的兄弟友爱"⑦。资本主义发展到垄断阶段，并且发展成国际垄断集团之后，其压迫、剥削、

---

① 《马克思恩格斯全集》第 42 卷，第 270 页。
② 同上，第 288 页。
③ 《马克思恩格斯全集》第 32 卷，第 359 页。
④ 《马克思恩格斯全集》第 18 卷，第 629 页。
⑤ 同上，第 577 页。
⑥ 《马克思恩格斯全集》第 16 卷，第 440 页。
⑦ 《马克思恩格斯全集》第 2 卷，第 666 页。

掠夺就变成了一种国际势力，所以，无产阶级就"应当以各民族的工人兄弟联盟来对抗各民族的资产阶级兄弟联盟。"①

在《共产党宣言》中，马克思、恩格斯对国际主义的表述是公开地站在国际无产阶级立场上的："联合的行动，至少是各文明国家的联合的行动，是无产阶级获得解放的首要条件之一"。"工人没有祖国，决不能剥夺他们所没有的东西"。无产阶级的国际团结跟民族解放是联系在一起的，是人类解放的必要条件。正是在这样的理论之下，他们才提出了"全世界无产者联合起来！"的战斗口号。②《共产党宣言》的发表，是马克思主义诞生的重要标志，也是马克思主义关于无产阶级国际主义原则创立的重要标志。

从理论上说，各个国家各个民族的无产阶级从总体上应该是趋于团结的，因为他们之间的地位和根本利益是相当一致的。但是，我们不能匡此而得出结论，说这些不同国家、不同民族的无产阶级之间就没有民族差别了，不能说各个国家各个民族的无产阶级之间的团结是自然而然的了，不能说无产阶级的领导者们就不用去做工作来推动各民族无产阶级的团结了，恰恰相反，应该是还有许多细致的工作要做。并且，在坚持无产阶级的国际主义的问题上，我们还要处理好国际主义和爱国主义的关系，更要划清国际主义与大国沙文主义的界线。

（四）无产阶级革命和被压迫民族的解放斗争互为条件

马克思主义者认为，在无产阶级革命的时代，帝国主义把民族问题从一国之内的问题扩大成世界范围的民族殖民地问题，一些国家的民族解放运动普遍存在，民族问题成了无产阶级世界革命总问题的一部分。各国民族解放运动可以看作是整个无产阶级革命进程中的一部分，支持各国民族解放运动就是加快无产阶级革命的历史进程。根据马克思主义这个理论，无产阶级革命的胜利就是一切被压迫民族获得解放的信号，而民族解放运动则是无产阶级革命的最好同盟军。

（五）各民族平等、自决和联盟的初步原则

坚持各个民族的平等，包括各民族地位和权利各方面的平等，是马克思、恩格斯关于无产阶级处理民族问题的又一个重要原则。

我们在历史文献中，看不到马克思、恩格斯直接论述民族平等问题的文

---

① 《马克思恩格斯全集》第1卷，第290页。
② 《马克思恩格斯全集》第4卷，第504页

字,但是,我们可以从他们的社会平等观之类的理论中推导出他们在民族平等问题上的主张。

从另一个角度来看,马克思、恩格斯虽然没有在理论上专门阐述过民族平等问题,但是,他们为各国无产阶级制定过处理民族问题的纲领和政策。他们在这些处理民族问题的纲领和政策中的主张就明显地体现了各民族平等的原则。他们强调被压迫民族和压迫民族具有同等的政治权利,所以,他们支持各被压迫民族的独立和解放。这就是马克思主义民族平等观的最重要的一种表现。

1848年欧洲革命时期,马克思、恩格斯就大力支持欧洲各国,包括捷克、波兰、匈牙利、意大利等国的民族独立解放运动,后来,又对伊朗、印度、中国等亚洲国家的民族解放和民族民主运动给以了深切的同情和支持。

马克思指出:"英国工人阶级解放的先决条件是把现有的强制的合并,即对爱尔兰的奴役,变为平等自由的联盟——如果这是可能的话,或者完全分离——如果这是必要的话。"[①]

中晚年,马克思、恩格斯的民族平等观更臻于成熟,在他们论述中,正式提到了无产阶级民族平等与无产阶级国际联盟的关系,进一步强调了民族平等是国际联合的基础。

1872年,恩格斯曾指出:"真正的国际主义无疑应当以独立的民族组织为基础。爱尔兰人也和其他被压迫民族一样,只有在和统治民族的代表享有平等权利并反对奴役的情况下才能加入协会。"[②] 十年后的1882年,恩格斯在致卡·考茨基的一封信中,又谈到了民族平等的重要性,并更进一步指出,"国际合作只有在平等者之间才有可能"[③]。很显然,根据恩格斯的意思,民族独立才是一切国际合作的基础。晚年的恩格斯有许多重要的信件,其中有一封给朋友的信中更直接了当地指出:"一个民族妄想领导其他所有民族的时代已经一去不复返了。"[④]

第二节 列宁、斯大林对马克思主义民族理论的发展

列宁和斯大林在领导俄国社会主义革命以及苏联社会主义建设的实践中,

[①] 《马克思恩格斯全集》第2卷,第312页。
[②] 《马克思恩格斯全集》第18卷,第87页。
[③] 《马克思恩格斯全集》第35卷,第261页。
[④] 《马克思恩格斯全集》第38卷,第494页。

丰富和发展了马克思主义的民族观。

一、列宁的民族观

列宁的民族观，既是马克思主义民族观的一个重要组成部分，也是对马克思主义民族观的继承和发展。列宁坚持把马克思主义民族理论同俄国民族问题实际相结合，成功地解决了俄国的民族问题。19世纪末20世纪初，世界进入帝国主义和无产阶级时代。1917年列宁领导的"十月革命"取得胜利后，世界革命中心转移到了俄国。

列宁在领导俄国无产阶级革命的时候，面对的是沙皇俄国的民族历史现实。那时的俄国是一个靠侵略扩张建立起来的、地跨欧亚两洲、拥有130多个非俄罗斯民族的殖民帝国，其民族问题是在一个特殊的背景下展开的。俄国革命要反对沙皇政府的民族压迫，反对世界战争，建立社会主义制度，维护新生政权，维护各民族的平等团结和统一。帝国主义和无产阶级革命时代的民族问题，与无产阶级革命息息相关，所以，列宁在领导俄国革命和国际共产主义运动的那个年代，认真考察和研究了资产阶级民族形成和发展的客观规律，探讨了民族问题、民族问题发展规律和民族殖民地等问题，制定了无产阶级解决民族问题的纲领和政策，形成了自己的民族观。

(一) 关于民族发展规律方面的观点

列宁在对西欧及俄国民族情况研究的基础上，提出了资产阶级民族形成与发展问题的理论。

1. 民族是一个历史的范畴

列宁说："祖国、民族——这是历史的范畴。"[①] 每个民族都有自己的历史，"'没有历史的民族'的例子是任何地方都找不到的（除非在乌托邦），要找，只能到历史的民族之中去找"[②]

2. 民族的形成及其特征

列宁指出："民族是社会发展到资产阶级时代的必然产物和必然形式"[③]。民族的产生"并不是由氏族联系引起的，甚至不是由它的延续和普遍化引起的，而是由各个区域之间日益频繁的交换，由逐渐增长的商品流通，由各个

---

① 《列宁全集》第二版，第28卷，第303页。
② 《列宁全集》第二版，第24卷，第369页。
③ 《列宁全集》第二版，第26卷，第75页。

不大的地方市场集中成一个……市场引起的。既然这个过程的领导者和主人是商人资本家，所以这种民族联系的建立也就无非是资产阶级联系的建立。"①简言之，列宁认为资产阶级民族的产生，不是氏族联系的延续和普遍化，而是建立在资产阶级联系的基础之上的。

对于资产阶级民族的特征，列宁认为有语言、心理、生活条件、地域等特征。在《崩得在党内的地位》一文中，列宁明确指出语言、心理和生活条件是民族的三个重要特征。后来，又认为"一个民族没有一定的地域是不能想象的"②。列宁认为只有具备了这些特征，资产阶级民族的形成才能成为可能。

3. 关于民族同化

民族同化，"即失去民族特点，变成另一个民族的问题"③。列宁认为，对于民族同化现象不应该一概否定，而要对它进行具体的、历史的分析；无产阶级应该反对借助于暴力或特权的强迫同化，支持自然而然的同化。他认为无产阶级"欢迎民族的一切同化，只要同化不是强制性的或者依靠特权进行的"④。他还充分肯定了资本主义民族同化过程的进步意义。他以美国为例，指出资本主义的民族同化过程正以巨大的国际规模进行，"纽约州活象一个磨掉民族差别的磨坊"⑤。"谁没有陷进民族主义偏见，谁就不会不把资本主义的民族同化过程看作是极其伟大的历史进步，看作是对各个偏僻角落的民族保守状态的破坏，对俄国这样的落后国家来说尤其如此。"⑥

4. 关于民族融合

民族融合，是指不同民族在长期的共同性增长的基础上融为一体，民族差别得以最终消失，相互融合成新的民族。民族融合的最终结果是世界上所有的民族都不存在了，那只有到全世界实现共产主义以后，在阶级、国家之类的政治现象消亡之后才能实现。所以，列宁认为，各民族之间的差别"就是无产阶级专政在全世界范围内实现以后，也还要保持很久很久"⑦。但是，民族融合并不是到共产主义以后，能够突然在一个早上实现的，它必须经过一个由量变到质变、总体中的量变和部分的质变，逐渐发展的漫长的历史过

---

① 《列宁全集》第二版，第1卷，第124页。
② 《列宁全集》第二版，第8卷，第68页。
③ 《列宁全集》第二版，第24卷，第128页。
④ 同上，第138页。
⑤ 同上，第131页。
⑥ 同上，第132页。
⑦ 《列宁全集》第二版，第39卷，第71页。

程。列宁说："人类只有经过所有被压迫民族完全解放的过渡时期，即他们有分离自由的过渡时期，才能导致各民族的必然融合。"① 而在民族融合实现之前，无产阶级应该"支持一切有助于消灭民族差别、消除民族隔阂的措施，支持一切促进各民族间日益紧密的联系和促进各民族打成一片的措施"②，以促使民族缓慢地走向自行消亡。

（二）关于民族问题发展规律的观点

列宁非常重视对民族问题及其发展规律的研究，对民族问题的地位和作用、民族问题发展的两个历史时代和两个历史趋势、民族问题与殖民地问题的关系、区分两种民族主义等问题都有许多精辟的见解和论述。这些见解和论述，为制定无产阶级的民族纲领和民族政策，提供了客观的、科学的依据。

1. 民族问题从属于"工人问题"

马克思主义者认为，民族问题是社会发展总问题的一部分，它是受社会发展总问题制约的。列宁进一步研究了民族问题与革命问题的关系，充分阐明了民族问题与无产阶级革命问题的关系以及处理这一关系的原则。他认为："在全世界，资本主义彻底战胜封建主义的时代是同民族运动联系在一起的"③。"民主的某些要求，包括自决在内，并不是什么绝对的东西，而是世界一般民主主义（现在是一般社会主义）运动中的一个局部。在某些具体场合，局部和整体可能有矛盾，那时就必须抛弃局部。"④ "民族问题和'工人问题'比较起来，只有从属的意义，这在马克思看来是无可置疑的"⑤。"无产阶级认为民族要求服从阶级斗争的利益"⑥。

当然，民族问题与无产阶级革命问题不是对立的，而是统一的。虽然民族问题服从于无产阶级革命的总问题，但是，我们又不能忽视民族问题在革命总问题中的积极作用，更不能把民族问题与无产阶级革命问题对立起来，"把社会主义革命和反对资本主义的革命斗争同民主问题之一（在这里是民族问题）对立起来是荒谬的。我们应当把反对资本主义的革命斗争同实现一切民主要求的革命纲领和革命策略结合起来。"⑦

---

① 《列宁全集》第二版，第27卷，第258页。
② 《列宁全集》第二版，第24卷，第138页。
③ 《列宁全集》第二版，第25卷，第224页。
④ 《列宁全集》第28卷，第38页。
⑤ 《列宁全集》第25卷，第265页。
⑥ 同上，第238页。
⑦ 《列宁全集》第27卷，第78页。

2. 民族问题发展的两个历史时代

列宁指出:"在分析任何一个社会问题时,马克思主义理论的绝对要求,就是要把问题提到一定的历史范围之内;此外,如果谈到某一国家(例如,谈到这个国家的民族纲领),那就要估计到在同一历史时代这个国家不同于其他各国的具体特点"①。运用马克思主义的这一科学方法,列宁深刻分析了资本主义不同时代的民族问题。列宁认为,"首先必须把从民族运动的角度来看根本不同的两个资本主义时代严格区别开来。一个时代是封建制度和专制制度崩溃的时代,是资产阶级民主制的社会和国家形成的时代,当时民族运动第一次成为群众性的运动,……另一个时代,就是我们所处的各资本主义国家已经完全形成、宪制早已确立、无产阶级同资产阶级的对抗大大发展的时代"②。列宁划分出的第一个时代,也就是自由资本主义时代;第二个时代,也就是资本主义进入帝国主义阶段的时代。

3. 民族问题发展的两个历史趋势

列宁在《关于民族问题的批评意见》中指出:"发展中的资本主义在民族问题上有两种历史趋势。民族生活和民族运动的觉醒,反对一切民族压迫的斗争,民族国家的建立,这是其一。各民族彼此间各种交往的发展和日益频繁,民族隔阂的消除,资本、一般经济生活、政治、科学等等的国际统一的形成,这是其二。"③ 这里,列宁所说第一种趋势是在资本主义发展初期的情况;而第二种趋势则是指成熟时期的资本主义,已经迈向了社会主义的门槛。这两种趋势应该都是资本主义发展的世界性规律,都是发展进步的规律。

4. 在帝国主义时期,民族问题已扩大为世界性的民族和殖民地问题

列宁在考察和研究民族问题时,不是把它孤立起来进行研究,而是把它和推翻帝国主义问题联系起来,和殖民地问题联系起来。列宁认为,在帝国主义时期,民族问题已扩大为民族殖民地问题。到第一次世界大战以后,占整个世界绝大多数人口的国家和民族,遭受着占世界人口不到15%的帝国主义的民族压迫。这也就是说,在帝国主义时期,民族问题已经越出了国家范围,成了世界性的民族和殖民地问题。列宁指出:"帝国主义的特点……就是现在全世界已经划分为两部分,一部分是为数众多的被压迫民族,另一部分是少数几个拥有巨量财富和强大军事实力的压迫民族"④。

---

① 《列宁全集》第25卷,第229页。
② 同上。
③ 《列宁全集》第24卷,第129页。
④ 《列宁全集》第39卷,第229页。

5. 既要反对民族主义，又要对民族主义进行历史的分析

列宁认为民族主义与马克思主义是不可调和的关系，因此，从多方面批判过民族主义："资产阶级的民族主义和无产阶级的国际主义——这是两个不可调和的敌对口号，这两个同整个资本主义世界的两大阶级营垒相适应的口号，代表着民族问题上的两种政策（也是两种世界观）。"① "任何自由派资产阶级的民族主义，都会在工人中起严重的腐蚀作用，都会使自由的事业和无产阶级阶级斗争的事业遭受极大的损失。"② "精致的民族主义就是这样一种思想，它在最漂亮和最动听的借口下，例如在保护'民族文化'利益、保护'民族自治或独立'等等利益的借口下鼓吹分化瓦解无产阶级"③。"马克思主义同民族主义是不能调和的，即使它是最'公正的'、'纯洁的'、精致的和文明的民族主义。"④ "谁想为无产阶级服务，谁就应该联合各族工人，不屈不挠地同'自己的'和别人的资产阶级民族主义作斗争。"⑤

但是，列宁在主张与民族主义作斗争的同时，并没有完全否定它的历史作用。这是由民族主义范畴的历史性所决定的。民族主义不是一成不变的，在不同的时代、社会、国家和民族中，民族主义具有不同的意义和作用。

处于资本主义上升时期的民族主义具有反对封建主义和民族压迫的性质，是进步的、合理的；到了帝国主义和无产阶级革命时代，世界被划分为压迫民族和被压迫民族，存在着压迫民族的民族主义和被压迫民族的民族主义，我们应该将其区别开来，并且具体地分析其历史性质，从而更好地为无产阶级的解放事业服务。

（三）处理民族问题的纲领和政策

列宁的民族思想，有许多是从处理民族问题的纲领和政策中反映出来的。他在《论民族自决权》中说："各民族完全平等，各民族享有自决权，各民族工人打成一片，——这就是马克思主义教给工人的民族纲领，全世界经验和俄国经验教给工人的民族纲领"⑥。他在《民族和殖民地问题提纲初稿》中又说："共产国际在民族和殖民地问题上的全部政策，主要应该是使各民族和各国的无产者和劳动群众为共同进行革命斗争、打倒地主和资产阶级而彼此接

---

① 《列宁全集》第 24 卷，第 128 页。
② 同上，第 124 页。
③ 《列宁全集》第 25 卷，第 152 页。
④ 《列宁全集》第 24 卷，第 136 页。
⑤ 同上，第 127 页。
⑥ 《列宁全集》第 25 卷，第 285 页。

近起来"①。

我们可以把列宁在其民族纲领和民族政策中反映出来的思想作如下几个方面的概括。

1. 坚持各民族一律平等

各民族一律平等的思想，贯穿于列宁关于民族问题的理论体系之中。具体说来，有几个要点：

第一，主张各民族不分大小、不分种族、不分地域一律平等；

第二，主张各民族在一切权利上一律平等，反对任何民族享有特权；

第三，民族平等的真正意义在于消灭阶级；

第四，不仅要"遵守形式上的民族平等"，而且要实现事实上的民族平等；

第五，各民族语言的平等，是民族平等的一个重要内容和标志。

2. 坚持各民族工人阶级的联合和团结

列宁说："在同专制制度、同全俄资产阶级斗争的问题上，我们应当以一个统一的、集中的战斗组织出现，我们应当不分语言和民族依靠整个无产阶级，依靠在经常共同解决理论问题和实际问题、策略问题和组织问题中团结一致的无产阶级，而不应当建立一些各行其是的组织，不应当分散成为许多独立的政党而削弱自己进攻的力量"②。他还指出：无产阶级应做的事情不是鼓吹联邦制和民族自治，而是把所有民族中尽可能广泛的工人群众更紧密地团结起来，为建立民主共和国和社会主义而斗争③。

列宁认为，"资本是一种国际的势力。要战胜这种势力，需要有工人的国际联合和国际友爱"④。所以，他不仅强调俄国国内各民族工人阶级的联合和团结，而且也特别强调国际无产阶级的联合和团结。

3. 无产阶级必须承认民族自决权

列宁认为，每个民族都应当有自决权，如果没有这种权利，承认各民族平等就是一句空话。特别是在俄国这样的国家里，由于民族压迫极其严重，资产阶级民主革命尚未完成，沙皇专制制度极其反动，因此，承认民族自决权就显得更为重要。但是，列宁同时强调，承认民族自决权，必须服从无产阶级革命的利益。

---

① 《列宁全集》第39卷，第161页。
② 《列宁全集》第7卷，第104页。
③ 同上，第226、89页。
④ 《列宁全集》第38卷，第45－46页。

4. 坚持自治制，反对联邦制

列宁说："马克思主义者是反对联邦制和分权制的，原因很简单，资本主义为了自身的发展要求有尽可能大尽可能集中的国家。在其他条件相同的情况下，觉悟的无产阶级将始终坚持建立更大的国家"①。他还说："我们社会民主党人反对各种民族主义，主张民主集中制。我们反对分立主义，我们深信，在其他条件相等的情况下，大国比小国能有效得多地完成促使经济进步的任务，完成无产阶级同资产阶级斗争的任务"②。

然而，马克思主义者所坚持的集中制只是民主集中制，绝不能把集中制同专横和官僚主义混为一谈。列宁指出："民主集中制不仅不排斥地方自治以及有独特的经济和生活条件、民族成分等等的区域自治，相反，它必须既要求地方自治，也要求区域自治。"③

列宁认为，如果不保证每一个在经济上和生活上有较大特点并且民族成分不同等的区域享有这样的自治，那么现代真正的民主国家就不可设想。

列宁一直是坚持自治制，反对联邦制的。1922年底建立的苏维埃社会主义共和国联盟只是当时俄国特殊的历史条件下的一种妥协，列宁仍然是把联邦制作为向完全统一过渡的一种形式，作为向真正的民主集中制过渡的一个步骤。他说："在真正的民主制度下，尤其是在苏维埃国家制度下，联邦制往往只是达到真正的民主集中制的过渡性步骤……我们目前实行的和将要实行的联邦制，正是使俄国各民族最牢固的联合成一个统一的民主集中的苏维埃国家的最可靠的步骤"④。

今天看来，苏联东欧解体，跟苏联成立之初那种"特殊历史条件下的妥协"也是有一定关联的，那种妥协本身就是后来解体的一种祸根。

5. 关于民族殖民地问题的纲领和政策

这是列宁主义思想当中一个很重要的内容，包括几个方面。

第一，共产国际在殖民地问题上的总政策。

列宁说："共产国际在民族和殖民地问题上的全部政策，主要应该是使各民族和各国的无产者和劳动群众为共同进行革命斗争、打倒地主和资产阶级而彼此接近起来"⑤。在这一点上，列宁要求苏俄既要团结各国先进工人的苏维埃运动，又要团结殖民地和被压迫民族的民族解放运动；压迫民族的共产

---

① 《列宁全集》第24卷，第148页。
② 《列宁全集》第25卷，第72页。
③ 《列宁全集》第24卷，第149页。
④ 《列宁全集》第34卷，第139页。
⑤ 《列宁全集》第39卷，第161页。

党必须直接地支援殖民地和附属国人民的反帝解放斗争，殖民地半殖民地的民族解放运动也要同社会主义国家、资本主义国家的无产阶级结成最密切的联盟，"必须实行使一切民族解放运动和一切殖民地解放运动同苏维埃俄国结成最密切的联盟的政策"①。

第二，关于殖民地半殖民地革命的路线和策略。

列宁对于殖民地、半殖民地国家的社会性质和这些国家革命运动的性质分析得很透彻。他清楚："这些国家最重要的特点就是资本主义前的关系还占统治地位"②，"封建关系或宗法关系、宗法农民关系占优势"③。这样的国家，工业无产阶级的力量是很微弱的，当然还谈不上有纯粹的无产阶级革命运动，而是新兴的资产阶级有革命的要求。革命的目的当然也是摆脱封建主义和殖民主义者的统治。在这样落后的国度，"应该组成能够独立进行斗争的基干队伍，即党的组织"④。这些国家的"党的组织"，自然是要把马克思主义的普遍原理同本国革命的具体实际结合起来；在这些国家反帝反封建的斗争中，应当支持民族解放运动，应当同这些国家的资产阶级民主派结成临时联盟。但是，又不能"同他们融合，要绝对保持无产阶级运动的独立性，即使这一运动还处在最初的萌芽状态也应如此"⑤。

另外，由于这些殖民地半殖民地国家的基本力量是农民，因此，无产阶级及其政党应当同农民结成联盟，应当领导农民运动，"竭力使农民运动具有最大的革命性"⑥。列宁说："认为无产阶级政党不同农民运动发生一定的关系，不在实际上支持农民运动，就能在这些落后国家里实行共产主义的策略和共产主义的政策，那就是空想"⑦。

列宁认为："在先进国家无产阶级的帮助下，落后国家可以不经过资本主义发展阶段而过渡到苏维埃制度，然后经过一定的发展阶段过渡到共产主义"⑧。

二、斯大林的民族观

斯大林总体上是贯彻列宁的民族理论，执行了列宁的马克思主义民族路

---

① 《列宁全集》第39卷，第162页。
② 同上，第231页。
③ 同上，第164、233页。
④ 同上，第164、233页。
⑤ 同上，第165、164页。
⑥ 同上，第165、164页。
⑦ 同上，第230-231页。
⑧ 同上，第233页。

线和政策，在探索社会主义民族政策理论方面取得了很多成就，从而形成了他的民族观，丰富和发展了马克思主义民族理论。由于斯大林的民族理论与实践存在着一个历史评价的问题，本书在这里只就斯大林在民族理论和实践方面的主要贡献作一些介绍。

（一）斯大林关于民族发展规律的观点

斯大林发挥了马列主义的民族理论，提出自己对民族发展规律的看法。

1. 斯大林的民族定义

斯大林在马克思、恩格斯、列宁研究的基础上，首次提出了"民族首先是一个共同体，是由人们组成的确定的共同体"① 的论点。

在民族理论方面，斯大林影响较大的是对民族概念提出了一个定义 "民族是人们在历史上形成的有共同语言、共同地域、共同经济生活以及表现于共同的民族文化特点上的共同心理素质这四个基本特征的稳定的共同体。"②

2. 民族形成于资本主义上升时期

斯大林认为，民族形成于资本主义上升时期。他在《马克思主义和民族问题》一文中说："民族不是普通的历史范畴，而是一定时代即资本主义上升时代的历史范畴。封建制度消灭和资本主义发展的过程同时就是人们形成为民族的过程。例如西欧的情形就是如此。英吉利人、法兰西人、德意志人、意大利人等都是在资本主义打破封建割据局面而胜利前进时形成为民族的。"③

斯大林在这里所说的"民族"，实质上是现代民族。他在《民族问题和列宁主义》中说："世界上有各种不同的民族。有一些民族是在资本主义上升时代发展起来的，当时资产阶级打破封建主义和封建割据局面而把民族集合为一体并使它凝固起来了。这就是所谓'现代'民族。"④ 斯大林认为，'在资本主义以前的时期是没有而且不可能有民族的，因为当时还没有民族市场，还没有民族的经济中心和文化中心，因而还没有那些消灭各该族人民经济的分散状态和把各该族人民历来彼此隔绝的各个部分结合为一个民族整体的因素"⑤。

3. 两种民族类型的观点

斯大林指出："民族也和任何历史现象一样，是受变化法则支配的，它有

---

① 《斯大林全集》第 2 卷，人民出版社 1957 年版，第 291 页。
② 《斯大林全集》第 11 卷，人民出版社 1955 年版，第 286 页。
③ 《斯大林全集》第 2 卷，第 300 页。
④ 《斯大林全集》第 11 卷，第 288 页。
⑤ 同上，第 289 页。

自己的历史,有自己的始末。"① 他认为民族产生于资本主义上升时期的是资产阶级民族,随着资本主义的消灭,社会主义的产生而形成和发展了新式的社会主义民族。他说:"这些新式民族是由于资本主义被消灭而在旧式民族即资产阶级民族的基础上通过以社会主义精神根本改造旧式民族而产生和发展起来的。"②

斯大林在阐述民族发展的同时,提出了两种民族类型的观点,即民族有资产阶级民族和社会主义民族两种类型。他认为区别这两种民族的标准是思想内容和社会政治面貌。资产阶级民族的思想内容和社会政治面貌是:"资产阶级及其民族主义的政党在这个时期始终是这种民族的主要领导力量。为了'民族统一'而鼓吹民族内部的阶级和平;掠夺异民族的领土来扩大本民族的领土;不信任和仇视异民族;压迫少数民族;同帝国主义结成统一战线。"③ 社会主义民族的思想特征和社会政治面貌是:"工人阶级及其国际主义的政党是团结和领导这些新式民族的力量。为了消灭资本主义残余,为了胜利地建设社会主义,工人阶级和劳动农民在民族内部结成联盟;为了各个民族及少数民族的平等权利和自由发展而消灭民族压迫的残余;为了建立各族人民间的友谊和确立国际主义而消灭民族主义的残余;在反对侵略和侵略战争的政策的斗争中,在反对帝国主义的斗争中同一切被压迫的和没有充分权利的民族结成统一战线"。④

4. 关于民族同化和民族消亡

关于民族同化的理论,斯大林在1929年的《民族问题和列宁主义》及1930年的《论民族问题的各种倾向》中多次提出同意列宁的观点,支持和主张自然同化,反对强迫同化。他认为强迫同化是违背民族意愿的奴役政策,必然要激起被征服民族的强烈反抗。因为这种政策加剧民族矛盾,造成民族的反抗和冲突。加深了民族壁垒,极大地阻碍了民族之间的接近和交往,是阻碍历史发展和民族发展的反动因素,因此这种"同化政策是马克思列宁主义的武库中绝对不容许有的,因为它是反人民、反革命的政策,是有害的政策"⑤

斯大林认为民族消亡就是民族过程的终极点,是全世界民族特征的消亡,各民族融为一体,并成为新的一体化的人们共同体。

---

① 《斯大林全集》第 2 卷,第 294 页。
② 《斯大林全集》第 11 卷,第 292 页。
③ 同上,第 290 页。
④ 同上,第 291 - 292 页。
⑤ 同上,第 299 页。

民族消亡同其产生和发展一样是不可避免的，不以人的意志为转移的。斯大林批判了梅什柯夫、柯瓦里楚克和考茨基等人的错误理论观点，维护和发挥了列宁的观点，并提出了自己对民族消亡和民族融合的看法，他认为民族从产生到消亡，实现全世界各民族的融合，是一个漫长的历史发展过程，要经过几个大的阶段。只有经过社会主义革命的长期发展过程，到共产主义在全世界胜利，民族消亡才能最终实现。

（二）斯大林关于民族问题发展规律的理论

斯大林把马克思主义与俄国的实际相结合，在列宁民族问题理论基础上，运用辩证唯物主义和历史唯物主义的原理，全面地论述了民族问题产生、发展的规律，丰富和发展了马列主义的民族问题理论。

1. 民族差异和阶级压迫是民族问题产生的原因

斯大林对欧洲民族进行了研究和分析后指出，民族形成于资本主义上升时期①，而民族问题的产生，同民族的形成是密切相关的，因此民族问题也就产生于资本主义上升时期。

在资本主义社会，民族问题产生的一个重要的因素就是建立在生产资料私有制基础上的阶级剥削和阶级压迫。斯大林在马克思列宁主义的基础上进一步阐述了这一问题，他说："私有制和资本必然使人们离散，燃起民族纷争，加强民族压迫，而集体所有制和劳动却必然使人们接近，去除民族纷争，消灭民族压迫。没有民族压迫，资本主义的存在是不可思议的，同样，没有被压迫民族的解放，没有民族自由，社会主义的存在也是不可思议的"②。

除了私有制基础上的民族剥削和压迫之处，民族问题产生的最基本的因素是民族差异的存在。社会主义时期民族问题产生的阶级根源已不存在。但它产生的基本因素：民族差别还存在，尤其是各民族由于经济文化发展的不平衡，一些少数民族无力享受国家赋予的民族平等权利，这就不可避免地会产生民族问题。斯大林说："虽然俄罗斯和同它联盟的各共和国在苏维埃制度下已经没有统治民族和无权民族、宗主国和殖民地、被剥削者和剥削者了，但是民族问题在俄罗斯仍然存在。"③

2. 民族问题发展的三个时期

斯大林认为民族问题是随着社会的发展而发展的，在不同的历史时期，

---

① 《斯大林全集》第2卷，第300页。
② 《斯大林全集》第5卷，第17页。
③ 同上，第31页。

具有不同的内容。他说："社会生活在变化，'民族问题'也跟着在变化。在各个不同的时期，有各个不同的阶级出现在斗争舞台上，而且每一个阶级都是按照自己的观点来理解'民族问题'的。因此，'民族问题'在各个不同时期服务于各种不同的利益，并具有各种不同的色彩"。①

斯大林把民族问题分为三个时期。

第一个时期是资本主义发展的上升时期，也就是封建主义消灭和资本主义胜利的时期。这个时期西欧各民族形成的过程同时就是它们变为独立的民族国家的过程，民族问题较为简单，而且没有民族压迫。他说，"这些国家内部没有其他比较大的民族集团，因此那里也就没有民族压迫"②。

第二个时期是资本主义发展到帝国主义阶段的时期，即民族问题扩大为殖民地问题的时期。尽管斯大林在这方面作了许多阐述，其实，也还是列宁民族殖民地问题理论的发挥。

第三个时期是苏维埃时期，即资本主义消灭和民族压迫消除的社会主义阶段。这一时期，尽管消灭了资本主义和民族压迫，可是，民族问题还将长期存在，比如各民族事实上存在着的那些历史遗留下来的不平等之类的问题。当然，社会主义国家有信心解决好这些问题。

3. 民族间事实上不平等问题的提出

提出民族间存在着事实上的不平等问题，这是斯大林在多民族国家的民族问题理论方面的一大贡献。他界定了民族间"事实上的不平等"的概念，分析了这种"事实上的不平等"产生的根源和消除这些不平等的途径。

斯大林认为，社会主义条件下，各民族在"一律平等"的政治条件下，还存在着"事实上的不平等"。他说："我们已经宣布了法律上的平等，并且正在实现这种平等"，"可是不幸的是：有些民族没有自己的无产者，没有经过甚至没有开始工业的发展，文化上极端落后，完全没有力量享用革命给他们的权利。"③

斯大林分析了"产生这种事实上不平等的原因，不仅在于这些民族的历史，也在于沙皇政府和俄国资产阶级的政策，沙皇政府和俄国资产阶级力图使边疆地区变成受工业发达的中部地区剥削的纯原料产地"。④ 他的意思是说，由于历史上各边疆民族长期受沙皇的殖民统治，长期处于工业落后的状况，

---

① 《斯大林全集》第1卷，第27页。
② 《斯大林全集》第5卷，第27页。
③ 同上，第200－201页。
④ 同上，第154页。

无产阶级的力量薄弱，文化也是长期落后，从而会在进入社会主义的大家庭的时候处于事实上的不平等地位。

斯大林认为各民族间事实上的不平等是一个普遍的现象，"在西方无产阶级胜利后的'第二天'还将更强烈地使人感觉得到"①。

斯大林认为消除这种事实上的不平等是长期的历史任务，"要求规定一些措施来帮助各落后民族和部族的劳动群众在经济、政治和文化上繁荣起来，使他们有可能赶上走在前面的无产阶级的俄国中部"②。

4. 民族问题的实质因不同时期的社会主要矛盾不同而有不同的内容

斯大林认为，不同历史时期，因为社会的主要矛盾不同，民族问题就会有不同的实质。

资本主义上升时期，"民族运动实质上既是资产阶级的运动，它的命运自然就和资产阶级的命运联系在一起。只有资产阶级灭亡，民族运动才会彻底灭亡。"③

在帝国主义时期，殖民地民族问题的实质是农民问题。斯大林指出："所谓民族问题实质上是农民问题"，是因为"农民是民族运动的主力军，没有农民这支军队，就没有而且也不可能有声势浩大的民族运动"④。

在社会主义时期，关于民族问题的实质，斯大林多处论及。他说："在现今苏维埃发展的条件下，民族问题的阶级实质就是在过去统治民族的无产阶级和过去被压迫的农民之间建立正确的相互关系"。"如果无产阶级能同其他民族的农民建立一种关系，这种关系能够摧毁对全部俄罗斯人不信任（这种不信任是数十年来沙皇政府的政策造成的，是它种下的恶根）的一切残余，此外，如果俄罗斯无产阶级不仅能使无产阶级和俄罗斯农民之间，而且使无产阶级和过去被压迫民族的农民之间得到充分的相互了解和信任，建立真正的联盟，那么任务就算解决了"。⑤

斯大林认为社会主义时期民族问题的实质是消除民族间事实上的不平等。他明确提出："俄罗斯苏维埃联邦社会主义共和国的民族问题的实质就是要消灭过去遗留下来的某些民族的事实上的落后性（经济的、政治的、文化的），使各落后民族有可能在政治、文化和经济方面赶上俄国中部。"⑥

---

① 《斯大林全集》第5卷，第47页。
② 同上，第35页。
③ 《斯大林全集》第2卷，第307页。
④ 《斯大林全集》第7卷，第61页。
⑤ 《斯大林全集》第5卷，第195页。
⑥ 同上，第31页。

5. 民族问题是社会革命和社会发展总问题的一部分

这一观点本来是马克思、恩格斯和列宁早就论述过的,斯大林只是针对第二国际修正主义的错误作了进一步阐述。他说:"布尔什维克从来没有把民族问题和革命总问题分开,布尔什维克对民族问题的看法的实质,就是始终把民族问题和革命前途密切联系起来","民族问题的提法在俄国马克思主义历史上有两个阶段:第一是十月革命以前的阶段,第二是十月革命阶段。在第一个阶段,民族问题被看成是资产阶级民主革命总问题的一部分,即无产阶级和农民专政问题的一部分。在第二个阶段,民族问题已经扩大和转变为殖民地问题,民族问题已经从国内变成世界问题,因而民族问题已经被看成是无产阶级革命总问题的一部分"。他进而提出,民族问题还是"革命发展总问题的一部分"。①

十月革命后,斯大林进一步发挥了列宁的观点。他说:"十月革命结束了旧的资产阶级的民族解放运动,开辟了被压迫民族工人和农民的新的社会主义运动的纪元,这个运动的目的在于反对一切压迫(也包括民族压迫),反对'自己的'和异族的资产阶级政权,反对整个帝国主义。"他还说:"十月革命就在落后的东方各族人民和先进的西方各族人民之间建立了联系,把他们拉进反对帝国主义的共同阵营。""这样,民族问题就从反对民族压迫的局部问题发展成为各民族、各殖民地和半殖民地从帝国主义压迫下解放出来的总问题"。②

(三) 处理和解决民族问题的纲领和政策

斯大林在列宁民族观的基础上,对马克思主义民族理论作出了一些贡献,而且还在处理社会主义民族问题的实践中,制定过处理和解决民族问题的纲领和一系列具体政策。

1. 解决民族问题的关键是要具体情况具体分析

具体情况具体分析是马克思主义活的灵魂。斯大林在处理民族问题的实践中,强调具体情况具体分析是解决民族问题的关键。他说:"以具体历史条件为出发点,把辩证地提问题当作唯一正确的提问题的方法,——这就是解决民族问题的关键。"他还说:"条件也和其他一切事物一样是变化着的,因而在某个时期是正确的解决方法,在另一个时期也许是完全不可以采纳的。"③

---

① 《斯大林全集》第7卷,第59-60页;第11卷,第301页。
② 《斯大林全集》第4卷,第146-147页。
③ 《斯大林全集》第2卷,第315、309页。

2. 解决民族问题需要国家民主化

斯大林认为国家民主化是解决民族问题的基础和条件。早在1913年，他在分析俄国的民族问题时就指出，"俄国正处在过渡时期，'正常的''宪制的'生活还没有确立，政治的危机还没有克服。狂风暴雨和'纠纷扰攘'的日子还在前面。因此，现在和将来的运动就是争取完全民主化的运动。民族问题也应该同这个运动联系起来加以考察。总之，国家完全民主化是解决民族问题的基础和条件。"①

3. 解决民族问题需要民族自决权

斯大林说："自决权就是民族能按照自己的愿望去处理自己的事情。它有权按自治原则安排自己的生活。"② 斯大林分析了当时的国际、国内形势，说明民族自决权是符合当时社会发展的需要的，坚持民族自决权，有利于动员和鼓励殖民地、半殖民地被压迫民族的反帝反殖的革命斗争。民族自决权是一种民主权利，承认和坚持这一原则，就是要保证各民族在政治上的自主、平等和不受压迫，而不是任何民族任何时候都要实行分离。

4. 联邦制是走向民主集中制的一种过渡形式

在国家和政权建设问题上，斯大林先是坚持集中统一而反对分散分权的联邦制国家形式，后来，又承认在个别的、特殊的情况下，如果联邦制可以减轻民族压迫，或者可以由专制制度过渡到民主，由分散、分裂过渡到集中统一，是可以采纳的。当然，斯大林所代表的俄国共产党对联邦制的态度转变是由俄国的历史及当时俄国民族关系的特点决定的。

5. 解决民族问题需要重视民族区域自治

斯大林认为，所谓"民族区域自治"，就是在统一的国家内，在统一的宪法基础上，由少数民族自己管理本地区的事务，就是在"一切管理机关中"都是懂得各该民族"语言和生活习惯的自己人"，就是使他们"用自己的脚走路"。③

6. 解决民族问题要实现各民族事实上的完全平等

在社会主义条件下，要重视各民族间事实上的完全平等，这是斯大林民族理论的一大贡献，这一理论也贯彻到了解决苏联民族问题的实践中。他认为，消除少数民族经济、文化上的落后性，实现民族平等，是解决民族问题的又一必要条件。

---

① 《斯大林全集》第2卷，第352页。
② 同上，第306－307页。
③ 《斯大林全集》第4卷，第358页。

所谓"民族平等"就是各民族不论大小，不分发展水平，在一切权利方面一律平等。斯大林认为，政治、法律上的平等，是解决民族问题的一个前提。但仅仅有政治、法律上的平等是不够的，它远远没有达到民族平等的全部要求。他说："胜利了的先进民族的无产阶级必须帮助，真正地和长期地帮助落后民族的劳动群众发展文化和经济，帮助他们提高到高级发展阶段，赶上走在前面的民族。没有这种帮助，就不可能建立为社会主义最终胜利所十分必须的不同民族和部族的劳动者在统一的世界经济范围内的和睦共处和兄弟合作"。[①]

在这种思想的指导下，斯大林在处理民族问题的实践中的一大贡献就是提出将消除民族间事实上的不平等作为一项任务去完成：政治上，支持和帮助非俄罗斯民族地区的政权建设；经济上，向各民族共和国提供经常性的援助，工业企业向落后民族地区转移，帮助各民族地区高速度地恢复和发展农业；文化教育上，致力于发展民族地区的文化教育事业，大大促进了民族地区各项事业的发展。

第三节　马克思、恩格斯、列宁、斯大林民族理论的当代价值

马克思、恩格斯关于民族和民族问题的观点，奠定了马克思主义民族理论科学体系的基础。列宁、斯大林的民族理论又丰富和发展了马克思主义民族理论体系，使马克思主义民族理论成为严整的科学体系。

马克思、恩格斯、列宁、斯大林的民族理论是马克思主义经典民族理论，其视阈不仅是某一国内民族利益关系，而且是全世界各民族的共同利益，因而具有十分丰富的内容。当今世界，虽然东西方经济社会及政治文化各方面的交融与矛盾发展已经出现了许多新的时代特征，但是，马克思主义经典民族理论对当代社会主义实践仍然具有重要的意义。当然，这需要作一些历史与现实的审视。

一、关于民族发展规律的思想奠定了马克思主义民族理论的基础

马克思、恩格斯在创立自己的科学社会主义理论的同时，运用辩证唯物

---

① 《斯大林全集》第5卷，第46页。

主义和历史唯物主义的基本立场、观点和方法对民族发展规律进行研究，形成了自己独特的民族观。之后，列宁、斯大林在苏联社会主义新的历史条件下，对民族发展规律作了一些新探索，丰富和发展了马克思主义民族理论。这些经典的民族理论，奠定了马克思主义民族理论的基础，对于我们今天团结全国各族人民进行社会主义建设，仍然具有重要的指导意义。

（一）马恩关于民族形成、发展和消亡的思想，奠定了马克思主义民族观的唯物主义基础

马克思主义民族理论产生于19世纪中叶，其社会背景正值资产阶级蓬勃向上发展时期，资本主义和封建主义的斗争、无产阶级和资产阶级的斗争相互交织。这个时代，复杂的社会矛盾把一切民族推上了历史舞台，不同国家间的民族问题成了这一时代的热点问题。面对社会发展过程中突显出的"民族"这一社会现象，马克思、恩格斯以辩证唯物主义和历史唯物主义的观点来加以阐明，形成了他们关于民族发展规律的观点。

马克思、恩格斯并没有给民族下过定义，他们只是在对众多民族的丰富的描述中，向人们揭示了民族现象的本质及其特征。

马克思、恩格斯创立自己学说的年代，是各种民族理论初创的时期，当时影响较大的是进化学派。很显然，马克思和恩格斯都受摩尔根思想的影响。摩尔根把物质生产的发展和技术的进步看作人类社会进化的原因，指出了氏族制度在原始社会中的核心作用，并谈到了当时社会的未来改造，从而得到了自发的唯物主义的结论。马克思、恩格斯考察了古代社会发展历史，在《刘易斯·亨·摩尔根〈古代社会〉一书摘要》《自然辩证法·劳动在从猿到人的转变过程中的作用》《家庭、私有制和国家的起源》等著作中阐述了自己的民族观点，对民族概念特性问题有过许多的论述，多次提到了语言、地域、共同历史、风俗习惯、生活方式、共同感情、民族意识、民族性格、工业条件等。马克思在论述印第安人时说："'民族'这一称号适应于许多印第安部落，因为他们的人数虽然不多，却独特地拥有一定的方言和地域。"[①] 又说，"阿提喀的四个部落——机内温特、伊吉可尔、霍普内特、阿尔格德，操同一方言占有共同领域，它们已溶合为一个民族。"[②] 恩格斯在讲到欧洲一些民族时说："应当愈来愈多地使他们具有真正的自然边境，由语言和共同感情来决

---

① 马克思：《摩尔根〈古代社会〉一书摘要》，人民出版社1965年版，第96页。
② 同上，第163页。

定的边境。"① 在涉及民族生存的条件时他又说,"独立和维持生命力所必需的",是"历史地理、政治和工业条件。"② 所有这些,都是后人综合概括马克思主义的民族概念、民族形成、民族的发展及其民族问题的"理论依据。"③

马克思、恩格斯认为民族是一个历史的范畴。按照他们的观点来解读,民族是由部落发展而来的;民族具有地域和语言方面的共同特征,有一定的民族感情和性格;民族也是不断发展变化的,随着民族之间交往关系的密切,民族融合就会是历史发展的一种必然趋势。他们对民族形成、发展和消亡的历史唯物主义解释,对原始社会史和"民族""国家"形成问题的探讨,阐释了人类社会的发展趋势,提出了马克思主义的社会发展观。这些理论是马克思、恩格斯在对唯心史观的批判和对资本主义制度解剖并创立唯物史观和剩余价值学说的过程中同步形成的。

马克思、恩格斯关于民族形成、发展和消亡的思想,对于后来的人们认识民族发展规律,奠定了一个马克思主义的基础,对于把握当代民族发展规律的新动向也具有重要的指导意义。

(二) 列宁、斯大林丰富和完善了马恩关于民族发展规律的思想

列宁用马克思主义的观点和方法来考察和分析民族这一社会现象,也认为民族是一个历史的范畴,他说:"祖国、民族——这是历史范畴"。④ "'没有历史的民族'的例子是任何地方都找不到的(除非在乌托邦),要找,只能到历史的民族之中去找"。⑤ 列宁还研究了资产阶级民族的形成及其特征,指出:"民族是社会发展到资产阶级时代的必然产物和必然形式"⑥,指出了资产阶级民族的产生,不是氏族联系的延续和普遍化,而是建立在资产阶级联系的基础之上的。对于资产阶级民族的特征,列宁也有许多精辟的论述。他认为,语言、心理和生活条件是民族的三个重要特征,其中,"经济生活条件"("经济特征")是资产阶级民族形成的本质特征。

列宁的民族理论提到了民族同化的问题,他认为民族同化,"即失去民族

---

① 《恩格斯军事论文选集》第3分册,人民出版社1965年版,第102页。
② 《马克思恩格斯全集》第6卷,人民出版社1956年版,第328页。
③ 贾东海:《关于60年来"民族"概念理论研究的述评》,《西北民族大学学报》(哲学社会科学版) 2009 (2)。
④ 《列宁全集》第28卷,第303页。
⑤ 《列宁全集》第24卷,第369页。
⑥ 《列宁全集》第26卷,第75页。

特点，变成另一个民族的问题"①　他说：无产阶级"欢迎民族的一切同化，只要同化不是强制性的或者依靠特权进行的"②。列宁还充分肯定了资本主义的民族同化过程的进步意义。他指出："谁没有陷进民族主义偏见，谁就不会不把资本主义的民族同化过程看作是极其伟大的历史进步，看作是对各个偏僻角落的民族保守状态的破坏，对俄国这样的落后国家来说尤其如此。"③ "在世界历史上享有盛名的犹太优秀人物，其中出现过全世界民主主义和社会主义的先进领袖，他们从未高喊过反对同化，只有那些肃然起敬地注视犹太人'后背'的人才高喊反对同化。"④ 列宁还指出，民族融合只有到全世界实现共产主义以后，在阶级、国家消亡之后才能实现。当然，那应该是一个很漫长的过程。

斯大林在民族发展规律方面的最大贡献，应该就是对民族下了一个经典的定义："民族是人们在历史上形成的有共同语言、共同地域、共同经济生活以及表现于共同的民族文化特点上的共同心理素质这四个基本特征的稳定的共同体。"⑤ 斯大林对民族概念的全面论述和定义，使马克思主义关于民族的概念上升到了新的科学的理论高度。

斯大林认为，民族形成于资本主义上升时期，其随着社会的发展而发展；民族消亡是全世界民族特征的消亡，所有的民族融合成一个新的一体化的人们共同体。但是，民族融合并不是到共产主义以后，突然间实现的，它必须经过一个由量变到质变、总体中的量变和部分的质变，逐渐发展的漫长的历史过程。

（三）我们今天对于民族概念的理解

关于"民族"一词，人类学家、民族学家、历史学家及其他学者，有不同的解读。

我国民族研究学界长期认为，中文"民族"一词不见于中国古代文献，是近代由日本创造并传入中国的外来词。但是，根据郝时远先生的研究，在中国古代文献中，"民族"作为名词形式应用于宗族之属和华夷之列，有许多例证，说明"民族"一词是古汉语固有的名词。在近代中文文献中，现代意义的"民族"一词出现在19世纪30年代。日文中的"民族"一词见诸19世

---

① 《列宁全集》第24卷，第128页。
② 同上，第138页。
③ 同上，第132页。
④ 同上，第131页。
⑤ 《斯大林全集》第11卷，人民出版社1955年版，第286页。

纪 70 年代翻译的西方著述之中,系受汉学影响的结果。换言之,我国古代就有了与现代意义相近或相同"民族"概念,后来传入日本,而又在日本翻译西方民族概念时被使用,然后又"传入"中国。①

郝先生所引例证有十条,第一条"今诸华士女,民族弗革,而露首偏踞,滥用夷礼,云于蔓落之徒,全是胡人,国有旧风,法不可变。"② 这一条就很有说服力。

在近现代西南方言中,"汉人""彝人"等说法其实是把"族"说成了"人",有时直呼某民族的名称,如"仡佬""猓猡"等。这些情况也是我国很早就有了"民族"概念的一些佐证。

对于民族和民族概念的研究,中外学者,不论是资产阶级学者,还是马克思主义学者,一直存在着各种不同的观点和理解。

瑞士资产阶级政治法学家布伦奇里在 1851—1852 年所写的《普通国家法》一书中,对民族概念作了很具体的概括:"民族者,民俗沿革所生之结果也。民族最要之特质有八:1. 其始也同属一地;2. 其始也同一血统;3. 同其肢体形状;4. 同其语言;5. 同其文字;6. 同其宗教;7. 同其风俗;8. 同其生计。由这八种因素相结合,并传之子孙,久而久之,则成为民族。"意大利的学者马齐也认为:"民族是具有土地、起源、习惯、语言的统一,以及生命和社会意识共同一致的人类的自然社会。"③

孙中山在 1924 年所写的《三民主义》一文中,对民族概念提出了"五要素说",即"五种力"。他说:"我们研究许多不相同的人种,所以能结合成种种相同民族的道理,自然不能不归于血统、生活、语言、宗教和风俗习惯这五种力。这五种力,是天然进化而成的,不是用武力征服得来的。"④

站在马克思主义民族观的立场上来看,关于民族的定义,我国至今仍然把斯大林的"四要素"定义作为经典来看,但是,对这个定义及其衍生的话题,我国学者也存在着不同的看法,并且经过了几十年的论争。

现在看来,斯大林关于民族的定义仍然不失为一种科学的定义,而他关于资本主义以前没有民族的论断却是有缺陷的。

斯大林之后,常常会看到"资本主义民族"和"社会主义民族"这样的说法。其实,资本主义民族和社会主义民族只是根据不同经济形态对民族所

---

① 郝时远:《中文"民族"一词源流考辨》,《民族研究》2004(6)。
② 《南齐书》,中华书局 1972 年版,第 934 页。
③ 贾东海:《关于 60 年来"民族"概念理论研究的述评》,《西北民族大学学报》(哲学社会科学版)2009(6)。
④ 《孙中山选集》卷一,中华书局 1981 年版,第 620 – 621 页。

作的分类，而同一民族在不同的经济形态社会里都可能是存在的。民族不只在资本主义出现，在封建社会和奴隶社会里仍然存在，只不过，其民族的特征，包括其成熟度有不同的程度罢了。正如有的观点所言："现代民族的4个特征，并不是从天上掉下来的，而是早在资本主义以前的社会发展阶段开始萌芽并逐步形成的，现代民族与古代民族相比，只存在发展程度的不同，不存在有无的差别。因此，斯大林的民族定义，既适用于现代民族，也适用于人类历史各个不同发展阶段的一切民族，具有普遍意义。①除了"资本主义民族"和"社会主义民族"的划分外，还有"资产阶级民族"与"无产阶级民族"的划分，当然，这就是从政治的角度来划分的了，这应该就是把"意识形态"作为划分标准的结果。

承认不同经济社会形态条件下都存在民族，并不是资产阶级的民族观，而是对民族发展历史的尊重。这里有一个问题需要澄清：难道斯大林就没有尊重民族发展的历史吗？近年来的研究表明，斯大林关于资本主义以前没有民族的论断不是错误，而只是有缺陷。

第一，斯大林理论视阈的民族，其历史文化背景有特殊性。

斯大林考察和研究民族状况主要是针对欧洲，而前资本主义时代的欧洲，诚如斯大林所讲的"没有民族市场"，没有"经济中心和文化中心"，没有将民族结合为一个整体的条件。由于封建领主制经济和普世主义基督教两大因素导致的种种原因，使得欧洲在前资本主义时代不可能形成斯大林定义所指向的民族身份认同，只有到了资本主义上升时期，"当时资产阶级打破封建主义和封建割据局面而把民族集合为一体并使它凝固起来了"②，这时才会有"民族"认同。

可是，东方中国各民族的历史文化背景与欧洲有很大的不同。从秦汉时期就出现的地主经济制度与西方封建领主经济有很大的不同，"罢黜百家，独尊儒术"，强调中央集权的政治伦理文化观念也与普世主义的基督教文化观念迥异。这两方面所导致的种种经济社会政治原因，形成了东方特有的，与国家政权并非一一对应的各民族共同体。早期中国人很少有人谈国家，而多谈"天下"，反映了中华文化的兼容并包，也反映了民族国家观念的一种缺失。而这正是中国各民族与西方民族历史文化背景方面的本质差异。

第二，斯大林断定资本主义以前没有民族，有着极强的政治指向性。

斯大林民族定义的政治指向性，就是"资产阶级民族观"的一个民族一

---

① 《中国大百科全书》民族卷，中国大百科全书出版社1981年版。
② 《马恩列斯民族问题著作选》，第670页。

个国家那种政治倾向性。斯大林当时给"民族"下定义时"多少带有与当时俄国的政治形势有关的政治性的考虑。"即20世纪初的俄国,布尔什维克面临"民族文化自治"和以民族划分来分裂无产阶级政党的民族主义思潮,斯大林当时提出"民族"定义是当时政治形势的需要。① 如果不反对资产阶级民族观,不反对第二国际修正主义者们的民族国家观念,显然不利于苏维埃社会主义联邦共和国的政治稳定。

可是,在中国老百姓眼中,民族与国家是不能等同的,只有现代意义上的民族,比如中华民族大家庭才是与国家对应起来的共同体。承认这种历史事实,并不会直接导致政治分离的危机;相反,应该更有利于各族人民的团结友爱、和谐相处。

几十年来,我国学界对民族概念的争论,表现出思维上政治与学术的纠结混乱,其中一个根本原因是对待马克思主义的态度有问题。不少的人把马克思主义经典当成了一成不变的教条。斯大林认为民族是资本主义上升时期的产物,在资本主义以前是没有民族的。这明显不合乎中国历史文化发展实际。

2005年5月,中央民族工作会议和《中共中央、国务院关于进一步加强民族工作,加快少数民族和民族地区经济社会发展的决定》提出了民族工作"十二条",对于民族的解释代表了现阶段中国马克思主义民族理论的基本立场:民族是在一定的历史发展阶段形成的稳定的人们共同体。一般来说,民族在历史渊源、生产方式、语言、文化、风俗习惯以及心理认同等方面具有共同的特征。有的民族在形成和发展的过程中,宗教起着重要作用。

二、关于民族问题发展规律的观点决定了马克思主义民族理论的阶级属性

马克思、恩格斯所创立的民族理论就是用历史唯物主义的基本观点来看待民族和民族问题的发展规律。在历史唯物主义学说里面,阶级斗争理论占有很重要的位置,所以,马克思与恩格斯很早就注意到了民族问题与阶级问题的紧密相关性。他们是用自己独特的阶级分析方法来揭示民族问题的一些基本发展规律,认为私有制是民族压迫和民族剥削的根源,民族问题与无产阶级革命紧密联系。无产阶级只有解放全人类才能最后解放自己,无产阶级

---

① 贾东海:《关于60年来"民族"概念理论研究的述评》,《西北民族大学学报》(哲学社会科学版)2009(6)。

的民族理论就是要为被压迫人民和被压迫民族的生存和自由解放而奋斗。这就决定了马克思主义民族理论的阶级属性。

（一）马恩民族理论的重心是为无产阶级政治服务

马克思主义是无产阶级的世界观与方法论，是无产阶级争取自身解放和整个人类解放的科学理论体系。马克思主义是在无产阶级革命实践中产生、发展起来的，是无产阶级利益的根本表现。马克思、恩格斯的民族理论是马克思主义的重要组成部分，是马克思主义民族观的基础。马克思主义的阶级性决定了马克思主义民族观的阶级性，马克思主义民族观也是为无产阶级服务的理论体系。

马克思主义民族理论产生的时空背景是19世纪的欧洲。那是西方资本主义发展正处于蓬勃向上的时代，也是资本主义与顽固守旧的封建主义激烈斗争的时代。当然，那个时代，资本正处于原始积累的阶段，无产阶级遭受着残酷剥削和压迫，无产阶级革命已经开始兴起，并且，还与不同国家间的民族问题交织在一起，使民族问题成了时代的热点问题之一。正如《共产党宣言》里所言，"资产阶级……把一切民族甚至最野蛮的都卷入文明的漩涡里了。"[①] 面对各种各样的民族现象，马克思、恩格斯以辩证唯物主义和历史唯物主义的观点来加以阐明，形成了他们关于民族发展规律的理论。

根据马克思主义的基本观点，那个时代，阶级斗争才是历史发展的主线，19世纪人类社会的核心矛盾就是无产阶级和资产阶级之间的阶级斗争，民族问题只是交织其中引起更复杂现象的一个内容。正因为如此，马克思和恩格斯认为阶级分野在阶级社会中已成为最根本和最核心的社会身份，阶级斗争作为最根本和最核心的社会矛盾，远比各国资产阶级提倡的"民族主义"和民族认同更为重要，无产阶级推翻资产阶级的社会革命已成为19世纪人类社会发展的主要潮流。马克思和恩格斯自始至终都站在欧洲工人阶级运动的立场上来分析和评价世界各地的政治运动。尽管在具体的社会运动中，"民族"因素和"阶级"因素总是交互作用，但是，马克思、恩格斯始终明确地把"阶级"因素和国际工人运动的利益放在第一位。

马克思认为，"各国的资产阶级虽然在世界市场上互相冲突竞争，但总是联合起来反对各国的无产阶级"，因此，无产阶级"应当以各民族的工人兄弟联盟来对抗各民族的资产阶级兄弟联盟"，只有把分散在各国的工人阶级队伍组织和团结起来，无产阶级才有可能推翻资产阶级统治，取得革命的胜利。

---

① 《马克思恩格斯全集》第4卷，第470页。

与此联系，马克思、恩格斯的关于民族问题发展规律的理论中还充实着关于民族平等的无产阶级国际主义的思想等丰富内容。

(二) 列宁、斯大林进一步突出了马克思主义民族理论的阶级属性

民族问题从属于阶级问题，只有消灭阶级压迫和阶级剥削，才能从根本上消灭民族压迫和民族剥削。这是马克思、恩格斯关于民族问题与阶级问题关系的基本观点。

19世纪末20世纪初，资本主义发展到帝国主义阶段后，民族与殖民地问题出现了新的特点。列宁分析了帝国主义时代被压迫民族的解放运动与世界社会主义运动的关系，提出了民族解放运动是世界社会主义运动的一部分的战略思想。这一思想实际进一步突出了马克思主义民族理论的阶级属性。

帝国主义是垄断的资本主义，帝国主义的垄断是从殖民主义政策中成长起来的。"帝国主义是一小撮大国对世界各民族的压迫日益加剧的时代，是一小撮大国为扩大和巩固对各民族的压迫而交战的时代"① 这个时代，世界各民族已经划分为压迫民族和被压迫民族。实力强大的几个压迫民族共同对被压迫民族和本民族中的无产阶级进行压迫和剥削。

帝国主义把民族划分为压迫民族和被压迫民族的时代特点，决定了帝国主义不仅是世界无产阶级的敌人，而且也是全世界被压迫民族的敌人。所以，列宁告诫全世界无产阶级和被压迫民族："社会革命只能在各先进国无产阶级为反对资产阶级而进行的国内战争已经同不发达的、落后的和被压迫的民族所掀起的一系列民主革命运动（其中包括民族解放运动）联合起来的时代中进行。"②

"历史的辩证法是这样的：弱小民族是反帝斗争中的一个独立因素，是帮助反帝的真正力量即社会主义无产阶级登上舞台的一种酵母、霉菌。"③ 这些观点，都是对马克思主义民族理论阶级属性的一种强化，强化到把世界被压迫民族的解放斗争也被纳入了世界无产阶级革命斗争的范畴了。

按照列宁的思想，被压迫民族的民族解放运动，使这些民族客观上成为了反帝斗争中的一支重要生力军，"是推动无产阶级的革命斗争走上高潮的催化剂。无产阶级在反对帝国主义的革命运动中，应当善于利用被压迫民族的解放斗争来加剧和扩大整个资本主义世界的危机，动摇帝国主义的后方，削

---

① 《列宁论民族问题》，民族出版社1987年版，第490-491页。
② 《列宁全集》第23卷，第54页。
③ 《列宁全集》第22卷，第352页。

弱帝国主义的力量，从而为实现无产阶级革命斗争的彻底胜利创造条件。"①

列宁甚至认为，19世纪初显现出来的亚洲民族解放运动将大大推进世界无产阶级的社会主义运动，"极大的世界风暴的新泉源已在亚洲涌现出来了……我们现在正处在这些风暴盛行及其'反转来影响'欧洲的时代"②。"世界上没有任何力量能阻止无产阶级的胜利，他们一定能把欧洲各国人民和亚洲各国人民都解放出来。"③ 列宁强化了马克思主义民族理论的阶级属性，强调无产阶级要完成打碎旧世界、解放全人类并解放自己的伟大使命。并且，正是站在无产阶级革命的立场上来制定帝国主义时代的革命纲领和民族纲领。

（三）斯大林强化了民族问题上的阶级属性，其理论与实践有明显的局限性

斯大林对马克思主义民族理论作出过重大的贡献，在民族理论的阶级属性方面当然是继承了传统，总是站在无产阶级的立场上考虑民族问题，在实践中更是常常把民族问题与阶级问题联系起来。

20世纪30年代中期，斯大林的思想开始激进起来，逐渐混淆了社会主义时期民族问题的性质，简单地把苏联时期的民族问题与阶级问题联系起来，认为民族问题的实质是阶级矛盾。把社会主义时期的民族问题简单地等同于阶级问题的做法，导致了民族问题的扩大化，给苏联社会主义事业带来不可估量的损失。

20世纪30年代，斯大林强制推行农业集体化运动，对抵制和反对集体化运动的少数民族农民采取了严厉的镇压措施；肃反扩大化，人为地制造"资产阶级民族主义"，对少数民族干部和知识分子的迫害遍及各地；以维护国家安全为名对一些"不可靠的"小民族强制迁移，使之分散居住，破坏了这些民族的民族习俗和民族文化，激起少数民族强烈的反俄、反共情绪。总之，斯大林的民族歧视和民族清洗以及对少数民族的不信任政策，严重伤害了苏联各少数民族的感情。

斯大林曾经认识到，在不同的历史时期，民族问题有不同的内容与特点，但是，他后来的民族政策却严重背离了自己早期的理论。这个情况说明，如何把握好民族问题与阶级问题之间联系的度显得格外重要。斯大林在处理苏联民族问题的过程中所反映出来的一些教训，直到今天仍然值得我们引以

---

① 青觉：《马克思主义民族观的形成与发展》，民族出版社2004年版，第94页。
② 《列宁选集》第2卷，人民出版社1972年版，第439页。
③ 同上，第450页。

为戒。

三、马克思、恩格斯、列宁、斯大林制定民族政策的纲领和处理民族问题的原则至今仍然是马克思主义民族理论的指南

马克思、恩格斯、列宁、斯大林在马克思主义民族观的基础上提出了一系列民族纲领和政策，提出了解决民族问题的基本指导思想、基本原则和基本途径，从而为无产阶级及其政党处理各国的民族问题提供了科学的指导思想和锐利的理论武器以及基本的实践形式。这些纲领和政策，是无产阶级革命取得胜利的重要保证，直到今天，对于无产阶级政党制定正确的路线、方针政策仍然具有重要的指导意义。

（一）坚持民族平等和团结的原则，促进各民族的共同繁荣和发展

民族平等和团结，是马克思、恩格斯、列宁、斯大林民族纲领中的一项基本原则，在构建社会主义和谐社会的今天，我们更应该坚持各民族一律平等的原则，加强各民族的团结与合作，促进各民族的共同繁荣和发展。

1. 民族平等是解决民族问题的根本原则，是民族团结的基础和前提

民族平等是在资产阶级革命中首先被提出的，资产阶级建立的国家中都存在民族压迫。马克思主义诞生后，赋予民族平等真实的彻底革命内容，并把它作为无产阶级处理民族问题的基本原则。

第一，一切民族平等。

马克思、恩格斯、列宁、斯大林的民族理论认为，民族只有大小和先进后进之分，绝无优劣之分，各民族都对人类历史发展做出了贡献，应该一律平等，国内各民族、世界各民族都应该是平等的。列宁曾经批判那些自称是马克思主义者的人在民族平等问题上的不彻底性时说："欧洲人常常忘记殖民地人民也是民族，谁容忍这种'健忘精神'，谁就是容忍沙文主义"①。

第二，各民族一切权利平等。

马克思、恩格斯、列宁、斯大林反对任何民族特权，主张各民族在国家社会生活、政治、经济、文化、教育、语言文字、风俗习惯、宗教信仰等方面一律平等，并无条件地保护一切少数民族的权利。列宁说："我们要求国内各民族绝对平等，并无条件地保护一切少数民族的权利。"② 斯大林也说过：

---

① 《列宁全集》第23卷，第58页。
② 《列宁全集》第19卷，第100页。

"无例外地禁止民族享有任何特权,禁止对少数民族权利加以任何妨碍或限制。"①

第三,社会主义革命胜利是实现民族平等的前提条件。

马克思主义把民族平等的实现寄托于无产阶级社会主义革命的胜利。恩格斯说:"无产阶级平等要求的实际内容都是消灭阶级的要求。"② 1916 年 7 月,列宁在《关于自决问题的争论总结》一文中指出:"在资本主义制度下,要消灭民族的(和政治上的)压迫是不可能,为此必须消灭阶级,也就是说,要实行社会主义。""无产阶级把资本主义改造成社会主义之后,就会造成完全铲除民族压迫的可能。"③

第四,民族平等包括政治、法律形式上的平等和实现各少数民族事实上的平等。

无产阶级掌握政权后,不但要采取各种措施帮助少数民族发展经济文化,使他们充分享受法律赋予的平等权利,而且还要采取各种措施,照顾和帮助各少数民族的利益,甚至牺牲自己的某些利益来保证实现各少数民族事实上的平等。

马克思主义坚持民族平等,是为了达到各民族的团结,去战胜资本主义,完成无产价级的历史使命。

2. 民族团结是贯彻民族平等原则的必然结果和保障

民族团结是指不同民族在社会生产、生活和社会交往联系中的和睦、友好和协调、联合。其出发点是反对民族隔阂和民族排斥,核心是和睦和联合。

马克思主义民族团结的含义,有其特定的范围和阶级基础,基本含义有以下几个要点。

第一,坚持各民族无产阶级的团结,主张"全世界无产者,联合起来",以"工人兄弟联盟来对抗各民资产阶级兄弟联盟",战胜资本主义。

第二,坚持各民族无产阶级和被压迫民族的团结,主张"全世界无产阶级和被压迫民族联合起来"。

第三,在多民族国家里,要求各民族团结、联合起来。列宁指出"各民族的工人在统一的无产阶级组织,如政治组织、工会组织、合作社和教育组织中融合起来"④,"所有民族的工人要是不在一切工人组织中实行最紧密最彻底的联合,无产阶级就无法进行争取社会主义的斗争和捍卫自己日常的经

---

① 《斯大林全集》第 2 卷,第 355 页。
② 《马克思恩格斯选集》第 3 卷,第 146 页。
③ 《列宁全集》第 2 卷,第 319 页。
④ 《列宁全集》第 19 卷,426 页。

济利益。""只有联合起来的无产阶级才能领导各民族劳动群众中一切彻底民主主义的、能够进行革命斗争的人前进"。①

3. 必须加快发展社会生产力,为各民族共同繁荣打下良好的经济基础

根据马克思主义民族理论的基本观点,一个民族的生产力水平,取决于其民族内部分工的发展程度。由于各民族内部分工的发展方式不同,生产力发展水平也不同,在走向社会主义道路的过程中,各民族都有自己的一些特点。胜利了的先进民族的无产阶级要在各方面帮助落后民族。中华民族大家庭中的各民族要共同繁荣,就必须大力发展民族地区经济,提高各民族的生产力水平,在民族平等的基础上实现我国各民族共同繁荣。这是由马克思主义民族观及我国社会主义制度的本质所决定的。

中国各个少数民族在历史上都作出过重大贡献,开拓了祖国的疆土,发展了祖国的经济。中国历史表明,地方割据和民族分裂不利于国家统一和社会安定,不利于民族地区以及全国的经济发展,影响中华民族的共同繁荣;在国家统一时期,如果对民族问题处理不好,一个民族压迫另一个民族或是一部分民族地区群众贫穷问题得不到解决,也会引发民族对抗和冲突,影响民族地区以及全国经济的发展和安定团结,不利于中华民族的共同繁荣。

当代中国,民族地区社会经济是全国社会经济的重要组成部分,民族地区经济的发展是民族地区文化教育、医疗卫生事业发展的基础。只有民族团结,民族地区经济发展,民族地区的文化教育、医疗卫生等事业才能得到长足的发展,国家才能富强,各民族才能共同繁荣,中华民族凝聚力才能得到增强。

4. 必须关心各民族的利益,让各族人民都享受到改革开放的成果

民族平等和民族团结不是抽象的,也不是形式上的,而应该落实到实际工作当中。在当代中国,要坚持马克思主义民族观的民族平等和团结的原则,促进各民族的共同繁荣和发展,还要切实关心各族人民的利益,让各族群众都能共享改革发展的成果。

我国是一个大国,人口、地域、环境资源和经济社会发展各方面都不平衡,问题比较突出的地方往往还是民族地区。民族地区的经济发展与东中部地区的差距仍然很大,不利于我国全面建设小康社会发展目标的实现。

从目前情况来看,我国还有相当数量的贫困人口,这个问题不解决,会严重制约中华民族的共同繁荣。贫困人口中,少数民族群众占将近一半。少数民族贫困人口大多分布于边境地区或省区边缘,距中心城市或商品集散地

---

① 《列宁全集》第23卷,第330-331页。

遥远，环境封闭度高，交通、通讯设施落后，给当地发展经济和扶贫工作带来很大困难。因此，只有诚心诚意关心各少数民族的切身利益，对发展滞后的民族地区进行无私的援助，帮助各族群众发展经济，消灭贫困，改革开放30多年的成果才会得到共享，才能实现中华民族共同繁荣。

（二）坚持马克思主义民族自主原则，促进民族区域自治和谐发展

民族自主是各民族人民的根本权利，是马克思主义处理一切民族问题的总原则。

民族自主，就是在民族平等的基础上，各民族人民自己决定自己的命运，自己处理自己事情的权利，就是各民族当家作主。

依据列宁在十月革命前后对民族自决权的论述，关于民族自决权的思想有三层含义：（1）各被压迫民族享有摆脱压迫民族统治的政治独立自主权，即建立本民族独立国家的权利；（2）在社会主义制度下实行民族区域自治，也是实现民族自决权的一种形式；（3）承认各民族公民拥有参与决策和管理本民族事务的平等权利和民主权利。因此，可以认为列宁关于民族自决权的思想是被压迫民族反对帝国主义殖民统治、争取民族解放和独立的革命原则，也是社会主义制度下解决民族关系的重要策略原则。[①]

民族自主的问题，关系着每个民族的生存发展，关系到能否真正实现各民族之间的平等、团结和共同繁荣发展的根本问题。

马克思主义的民族自主原则在不同的历史时代有不同的表现形式。

1. 帝国主义时代——民族自决

在帝国主义时代，由于殖民主义的存在，世界上存在着压迫民族与被压迫民族，民族自主具体表现为民族自决。

关于民族自决的涵义，列宁曾在《论民族自决权》中说："所谓民族自决，就是民族脱离异族集体的国家分离，就是成立独立的民族国家。"[②] 后来，他又在《社会主义革命和民族自决权》中提出了更为严密的说法："民族自决权从政治上来讲，只是一种独立权，即在政治上同压迫民族自由分离的权利。具体说来，这种政治民主要求，就是有完全的自由来鼓动分离，鼓动实行分离的民族通过全民投票来解决分离问题。因此这种要求并不等于分离、分散、成立小国家的要求，它只是反对一切民族压迫的彻底表现。"[③] 列宁关于民

[①] 陈联璧：《民族自决权新议》，《民族研究》2001（6）。
[②] 《列宁全集》第2卷，第509页。
[③] 同上，第719页。

自决的说法，我们可以作出这样的解读：民族自决是民族的一种权利，是民族的政治自决权，是民族的政治独立权；民族自决权的实质"就是争取民族彻底解放、彻底独立的斗争。"①

马克思主义赞成民族自决权，这是以争取和保证无产阶级革命利益为前提的。每个民族都有自决的权利，但每个"民族分离"事件并不都是有利于社会发展和无产阶级革命利益的。"马克思主义赞成民族自决的目的，在于反对民族压迫，特别是反对帝国主义的民族压迫和反动的大民族主义，在于以此消除各民族间的隔阂和不信任，在于为各民族在社会主义基础上实现真正平等和自愿的联合创造条件。所以，民族自决权必须服从无产阶级革命利益。离开了这一原则，就不是马克思主义者，而只能是资产阶级民族主义者，甚至是帝国主义的反动工具。"②

2. 前苏联时代——联邦制的民族自治

联邦制是一种国家结构的政体形式，是由一些主权国家根据需要，通过"协定"或"条约"而结成的联盟。"在这个联盟内，原先各主权国家都根据协定放弃了一部分国家主权，交由联盟机构掌管，但同时又保留了其余的权利，有相应的活动自由。联邦制国家是一种松散的分权制国家。简言之，联邦制是由若干成员国（邦、州）联合组成统一国家的制度。而所谓联邦制的民族自治，就是各平等民族国家之间的联盟。"③

在国家政权建设问题上，马克思主义的总原则是坚持"集中""统一""大国"这样的组织形式，不赞成联邦制。列宁就直接说过："我们在原则上反对联邦制，因为它削弱经济联系，它对于一个国家来说是一种不合适的形式。"④ 他还说："只要各个不同的民族组成统一的国家，马克思主义者决不主张实行任何联邦制原则，也不主张实行分权制。"⑤ 斯大林更是专门撰写了以《反对联邦制》为题的文章，集中反映了十月革命前马克思主义者对国家联邦制的占统治地位的否定态度。

"但马克思主义也认为，在特殊情况下可以容许和采纳联邦制。那么在什么样的特殊情况下可以容许和采纳联邦制呢？那就是在联邦制可以减轻民族压迫，或者可以由专制主义过渡到民主，由分散、分裂过渡到集中、统一的

---

① 罗树杰：《马克思主义民族观导论》，民族出版社1997年版，第189页。
② 同上，第190页。
③ 同上，第190页。
④ 《列宁全集》第19卷，第501页。
⑤ 《列宁全集》（第一版）第20卷，第29页。

情况下可以容许和采纳。"①

俄国十月革命后，面对那些纷纷从俄国控制中脱离出来的民族共和国，面临着十多个帝国主义国家的武装干涉与国内反革命白匪的武装叛乱这样的严峻形势，加上经济上、外交上的尴尬处境，列宁和斯大林最后采用了联邦制这样的民族自治形式。从后来斯大林采取的一些强化中央集权的措施来看，苏俄采用联邦制实际上是一种"过渡"性质的权宜之计。

3. 中国特色社会主义时期——民族区域自治

民族区域自治，指的是在统一的多民族国家内，在国家统一领导下，在各少数民族聚居的地方实行区域自治，设立自治机关，行使自治权。

民族区域自治是中国共产党解决民族问题的基本政策，是中国特色社会主义的一项基本政治制度。实行这种制度，体现了我国人民在中国共产党的领导下，坚持实行民族平等、团结、合作和共同繁荣的原则，体现了民族因素与区域因素、政治因素与经济因素、历史因素与现实因素的统一。

中国的民族区域自治制度"是在统一而不可分离的国家领导下，在各少数民族聚居的地方设立自治机关，行使自治权，实际区域自治。民族区域自治的核心，是保障少数民族当家作主，管理本民族、本地方事务的权利"。②邓小平指出："解决民族问题，中国采取的不是民族共和国联邦的制度，而是民族区域自治的制度。我们认为这个制度比较好，适合中国的情况。"③

"民族区域自治，它不单是民族的自治，也不单是区域的自治，它既能使民族自治与区域自治正确结合，又能使经济因素和政治因素科学结合，而且还能使杂居的民族也能享受到自治权利，从人口多的民族到人口少的民族，从大聚居到小聚居的民族，几乎都成立了相当的自治单位，充分享受了民族自治权利。"④

实行民族区域自治，是中国共产党根据我国的历史发展、文化特点、民族关系和民族分布等具体情况作出的一项制度安排，符合各民族人民的共同利益和发展要求。

民族区域自治之所以成为我国的一项基本政治制度，有几个方面的必然性。

首先，从理论逻辑上看，实行这种制度，才能真正体现马克思主义关于民族平等与团结的基本纲领和原则，体现各族人民当家作主的社会主义民主

---

① 罗树杰：《马克思主义民族观导论》，民族出版社 1997 年版，第 190 页。
② 《毛泽东思想和中国特色社会主义理论体系概论》，高等教育出版社 2010 年版。
③ 《邓小平文选》第 3 卷，人民出版社 1993 年版，第 257 页。
④ 罗树杰：《马克思主义民族观导论》，民族出版社 1997 年版，第 191 页。

政治要求。

其次，从历史因素上看，我国是一个多民族长期融合共存的统一国家，这种统一的多民族国家的长期存在和发展，是我国实行民族区域自治的历史依据。历史上的中国，长期就是一个多民族不断融合而集中统一的大国，各地区各民族之间尽管有战有和，有统有分，但是在漫长的历史发展进程中，都认同自己是中华民族大家庭中的成员，都不愿意舍弃自己在传统文化与民族感情方面的认同。这种历史因素一直是民族关系的主流。

再次，从政治因素上看，爱国主义精神，是实行民族区域自治的政治基础。中华民族的爱国主义精神，是近代以来在反抗外来侵略斗争中逐渐形成的。中国近代的历史，总体上来看是一部屈辱的历史，饱含辛酸和血泪，中华民族曾濒临最危险的时刻。这种特殊的悲惨历史，教育了中国各族人民，只有紧密地团结和联合起来，才能维护国家的主权统一和领土完整；只有实现国家的独立自主和繁荣富强，各民族人民才能拥有真正的自由、平等、发展和进步。

最后，从各民族生活的现实条件来看，我国各民族大杂居、小聚居的人口分布格局，各地区资源条件和发展的较大差异，只有实行民族区域自治才有利于民族关系的和谐稳定与各民族的共同发展进步。

根据《中华人民共和国宪法》《中华人民共和国民族区域自治法》和其他法律规定，我国各民族自治地方的自治机关享有广泛的自治权利。这些权利主要有以下几个内容：

一是自主管理本民族、本地区的内部事务；

二是享有制定自治条例和单行条例的权利；

三是享有宗教信仰自由的权利；

四是享有使用和发展本民族语言文字，按照传统风俗习惯生活及进行社会活动的权利和自由。

此外，还拥有自主安排、管理、发展经济建设事业，自主发展教育、科技、文化等其他各项权利。

关于民族自决权的问题，马克思、恩格斯、列宁、斯大林那个年代的世界政治形势跟当代世界政治形势已经有了很大的差距，我们一定要用历史的眼光、用发展的眼光来看待和理解经典作家的民族理论，而不能形而上学地机械地对待马克思主义民族理论及其策略纲领。

有学者研究认为，"在冷战结束、殖民主义体系瓦解、世界已不存在压迫民族和被压迫民族的形势下，民族自决权原本包含的国家主权和民族政治独立自主权原则已不适用了，而民族自决权应体现为各民族公民享有符合本国国情的人权、参与国家和社会管理包括管理和决策本民族事务的民主权利和平等权利。"①

（三）坚持无产阶级国际主义原则，促进世界的和谐与发展

无产阶级国际主义是马克思主义关于国际无产阶级为了实现共同的利益，反对共同的敌人达到最终消灭剥削和压迫，实现共产主义的共同目标而实行国际联合的思想。

国际主义在不同的历史条件下有不同的表现。当今世界，坚持无产阶级国际主义，就是要用无产阶级国际主义的胸怀来正确处理好与世界各民族的关系，促进整个世界的和谐与发展。

① 在马克思、恩格斯创立自己学说的那些年代，全世界无产阶级的阶级地位、根本利益和最终目的的一致性，使马恩提出了"全世界无产者，联合起来"的口号，集中体现了无产阶级国际主义的基本精神。

"全世界无产者，联合起来"，是马克思、恩格斯在《共产党宣言》中第一次提出来的。这一口号奠定了无产阶级国际主义的基本原则。

马克思、恩格斯无论是在共产主义者同盟和第一国际时期，还是在普法战争和巴黎公社革命时期，都身体力行，始终高举着国际主义的伟大旗帜，领导各国、各民族的无产阶级和劳动人民，互相支持，团结战斗。从那时起，全世界无产阶级在国际主义这面光辉旗帜的指引下，开始了推翻资本主义和实现共产主义的伟大斗争。

② 列宁时代，资本主义的发展到了帝国主义阶段，被压迫民族的解放斗争和无产阶级革命运动交织起来，成为冲击帝国主义体系的两股巨流，列宁又提出了"全世界无产者和被压迫民族联合起来"的战略口号，扩展了国际主义的内容。在一系列社会主义国家建立之后，无产阶级国际主义成为社会主义国家间平等互助关系的指导原则。

③ 冷战结束后，特别是世界进入21世纪以来，世界经济一体化趋势日渐明显，全球民族问题出现了新的时代特征。随着国际关系实践体系的变迁，国际主义也有了不同的表现形式，对马克思主义国际关系思想的理解面临着与时俱进的时代要求。

在当代国际事务中，建立最广泛的国际统一战线，反对帝国主义和霸权主义，维护世界和平，促进人类进步，等等，就是对无产阶级政党发扬国际主义精神方面一些新的时代要求。根据这样的理解，发扬无产阶级国际主义，

---

① 陈联璧：《民族自决权新议》，《民族研究》2001（6）。

就要求各国无产阶级及其政党把本国人民的利益和革命斗争与世界人民的利益和革命斗争结合起来，在独立自主的前提下，彼此理解和同情，密切合作，相互支持；无产阶级政党执政的社会主义国家就应该对其他国家和人民的正义斗争提供力所能及的援助。

无产阶级解放事业的国际性和国家范围的民族性，决定了无产阶级国际主义与爱国主义的统一关系。无产阶级支持进步的民族主义运动，坚决反对大国沙文主义、民族利己主义等反动的民族主义倾向，尤其反对各种色彩的霸权主义。坚持无产阶级国际主义，必须尊重各党、各国、各民族的自身利益，坚持把马克思主义与各国实际相结合，独立自主，完全平等，互相尊重，互不干涉内部事务，友好协商，共同致力于世界的和谐发展。

第二章 马克思主义民族理论的中国化成果

马克思主义理论作为中国共产党的指导思想,经过几代人领导人的探索与发展,已经结出了中国化的丰硕成果,在民族理论与实践方面亦然,这就是毛泽东的民族理论、邓小平的民族理论、江泽民的民族思想和胡锦涛的民族思想。现在,在习近平总书记的领导下,为实现中华民族伟大复兴的中国梦,中国共产党正开创着我国民族理论与政策实践的新局面。

一、毛泽东的民族理论

毛泽东是一位伟大的马克思主义理论家,也是一位伟大的革命家,在中国革命和建设的实践中,他把马克思主义的普遍原理同中国革命的具体情况相结合,创造性地丰富和发展了马克思主义,形成了马克思主义中国化的第一个理论成果——毛泽东思想。毛泽东思想体系中关于民族和民族问题的理论,是以毛泽东为核心的那一代中国共产党人对马克思主义的丰富和发展,体现了毛泽东民族观的基本内容,反映了我们党和国家解决民族问题的方针和政策。在中国进一步改革开放的新时期,进一步坚持和发扬毛泽东民族思想,对于我们进一步推进民族平等,坚持民族团结,促进各民族共同繁荣和发展,具有深远的意义。

(一)毛泽东关于民族和民族理论的观点

毛泽东在自己几十年的革命理论与实践的探索过程中,提出了很多关于民族和民族问题的重要思想,丰富和发展了马克思主义民族理论。

1. 关于民族、民族消亡的理论

(1)对斯大林民族定义的突破

按照斯大林的民族理论,民族是区分为部族与民族的,在我国早年的许多关于民族与民族问题的论著中也常见到部族的说法。但是,毛泽东并没有被斯大林的观点所束缚,而是从中国民族历史的实际出发,突破了斯大林民族定义的局限,确认中国古代的汉族及其他少数民族都是民族。他曾说过:"从很早的古代起,我们中华民族的祖先就劳动、生息、繁殖在这块广大的土地之上","在这四亿五千万人口中,十分之九以上为汉人。此外,还有蒙人、回人、藏人、维吾尔人、苗人、彝人、僮人、仲家人、朝鲜人等,共有数十种少数民族,虽然文化发展的程度不同但是都已有长久的历史。中国是一个由多数民族结合而成的拥有广大人口的国家。"中华民族"是一个有光荣的革命传统和优秀的历史遗产的民族"。①

当然,毛泽东并没有正面否定斯大林的民族定义,他强调在政治上不宜区分部族和民族。1953年,在讨论《关于过去几年内党在少数民族中进行工作的主要经验总结》时指出:"科学的分析是可以的,但政治上不要去区分哪个是民族,哪个是部族或部落。"② 这是毛泽东坚持马克思主义民族平等观的体现。后来,我国进行少数民族识别的时候,对于那些人口很少发展也很落后的民族也是坚持了这一思想的,保障这些民族享有和行使民族平等的各项权利。

(2) 关于民族主体的思想创新

毛泽东在马克思主义经典理论的基础上,用阶级斗争和群众史观的眼光,提出了关于民族主体的理论,认为工农群众是民族的主体。1970年,毛泽东与斯诺的谈话中说:"什么叫民族啊?包括两部分人。一部分是上层、剥削阶级、少数……百分之九十以上是工人、农民、小资产阶级,没有这些人就不能组成民族。"③ 既然工农大众是民族的主体,那么,他们就代表民族,他们的利益就是民族的利益。用毛泽东的这一思想来看当今的现实,中国共产党正是代表了中国最广大人民群众的利益,所以,中国共产党不只是中国社会主义事业的领导核心,还是中国各族人民利益的忠实代表。

(3) 关于民族消亡的思想

1958年成都会议上,毛泽东针对大跃进运动中在民族问题上刮起的"民族融合风"而造成民族关系紧张的教训,明确提出:"首先是阶级的消亡,而后是国家的消亡,而后是民族的消亡,全世界都是如此。"④ 这一论断,丰富和发展了恩格斯在《共产主义信条草案》中提出的民族将在共产主义社会的某个时期消亡的理论,为党和国家制定和执行正确的民族政策提供了科学依据。⑤

---

① 毛泽东:《中国革命和中国共产党》,人民出版社1952年版,第2页。
② 转引自金炳镐:《中国改革开放以来的民族理论研究1978—2006》,民族出版社2007年版,第16页。
③ 《1970年毛泽东会见斯诺谈话纪要》,见《世纪档案:影响20世纪中国历史进程的重要文章(下册,图书增订版)》,团结出版社1998年版,第46页。
④ 转引自《民族理论和民族政策》,民族出版社,1988年,第47页。
⑤ 参见李赟,周秀菊:《建国初期毛泽东民族思想的理论体系和历史贡献》,《社会主义研究》,2005(1)。

2. 关于民族问题的理论

（1）关于民族问题产生的根源和实质的理论

毛泽东早在1934年就指出："民族的压迫基于民族的剥削，推翻这个民族剥削制度，民族的自由联合就代替了民族的压迫。"① 后来，他在抗战时期又指出："在民族斗争中，阶级斗争是以民族斗争的形式出现的，这种形式，表现了两者的一致性。"② 毛泽东的这些论述，正是对马克思主义民族观的一种深化，揭示了帝国主义、国内反动统治阶级和各民族中的反动上层统治阶级，是中国民族问题中民族压迫、民族歧视、民族纠纷以及各民族贫困落后等问题产生的总根源，指明了消除民族压迫的途径。"民族斗争，说到底，是一个阶级斗争问题"③，这正是民族斗争的实质所在。

毛泽东还认为民族差异是产生民族问题的基本因素。在中国，这种差异成了大汉族主义和地方民族主义产生的原因之一，也是我国产生民族问题的一个基本因素。④

（2）关于民族问题与社会革命关系的理论

毛泽东根据马克思主义民族问题与社会革命关系的理论，阐明了"中国革命是世界革命的一部分"，并把国内的民族问题看作是中国革命总问题的一部分。这一结论对于我们认识民族问题与社会革命的关系具有重要的方法论意义。民族问题既不凌驾于社会革命问题，也不相等或者说并列于社会革命问题，而只能是社会革命这个全局中的一部分。民族问题的作用既不能夸大，也不能缩小，而是要正确估计其重要性。

（3）关于民族问题的发展和解决途径的理论与实践

毛泽东用发展的眼光，结合中国各民族发展的实际，准确地把握了中国民族发展的规律。在此基础上，把推翻帝国主义和封建主义作为解决中国民族问题的基本前提，把打倒蒋介石独裁政府作为解决中国民族问题的根本出路。建国后，毛泽东把帮助少数民族发展经济和文化、实现各民族事实上的平等，作为解决社会主义中国民族问题的根本途径。

毛泽东还指出，由于旧中国的民族问题具有特殊性，中国的民族问题具有长期性。毛泽东指出：历史上的反动统治者，主要是汉族的反动统治者，曾经在我们各民族中间制造种种隔阂，欺负少数民族。这种情况所造成的影

---

① 中共中央统战部：《民族问题文献汇编》，中共中央党校出版社1991年版，第211页。
② 同上，第607页。
③ 《1970年毛泽东会见斯诺谈话纪要》，见《世纪档案：影响20世纪中国历史进程的重要文章（下册，图书增订版）》，团结出版社1998年版，第746页。
④ 徐杰舜：《毛泽东的民族观》，见《广西社会科学》1994（2），第45页。

响,就在劳动人民中也不容易很快消除。所以我国的民族问题将会在很长时期里存在着。社会主义时期,虽然废除了民族压迫和剥削制度,各民族之间形成了平等、团结、互助的关系,但民族差别并未消失。因此民族问题的解决不是短时期所能做到的。①

(4) 关于国际主义与民族主义问题的观点

毛泽东在马克思主义民族理论发展史上首次提出,要把国际主义的内容与民族形式紧密结合起来才能算是真正的国际主义,并且把国际主义看成反对狭隘民族主义和狭隘爱国主义的思想武器。

毛泽东紧密结合中国民族问题的实际,把反对大汉族主义和地方民族主义结合起来,重点强调反对大汉族主义,用这样的方式作为巩固和发展汉族和少数民族的关系,全面贯彻党和国家民族政策的思想保证。② 在中国,大汉族主义来源于旧社会反动统治阶级的民族压迫意识,这种意识具有民间化的特点,毛泽东对此有着深刻的认识。所以,他在《批判大汉族主义》一文中告诫全党高度重视这种思想对现实民族关系的严重危害,并要求进行民族政策执行情况的深入检查。在《关于正确处理人民内部矛盾的问题》一文中,毛泽东把两种民族主义定性为人民内部矛盾,这对正确处理和科学解决社会主义革命和建设时期的民族问题,具有重大的现实意义和深远的历史意义。③

(二) 毛泽东解决中国民族问题的纲领和政策

毛泽东作为中国共产党的杰出领导人,在中国新民主主义革命和社会主义革命建设过程中,提出了解决中国民族问题的一系列纲领和政策。这些纲领和政策的核心内容主要就是民族平等、民族团结、民族自治、民族发展。其中,民族平等团结是解决中国民族问题的根本原则和总政策,民族区域自治是解决中国民族问题的基本形式和基本政策,各民族共同发展是解决中国民族问题的根本宗旨和现实目标。④

1. 毛泽东关于民族平等、民族团结的纲领和政策

毛泽东在领导中国革命和建设的过程中,始终把民族平等、民族团结作

---

① 参见李贽,周秀菊:《建国初期毛泽东民族思想的理论体系和历史贡献》,《社会主义研究》2005 (1)。

② 参见朱在宪:《马列主义民族观的伟大旗手——毛泽东》,《民族理论研究》1993 (4),第10页。

③ 参见郝时远:《毛泽东对解决中国民族问题的历史贡献》,《民族研究》1993 (5),第7-8页。

④ 参见金炳镐:《毛泽东对马克思主义民族理论的伟大贡献》,《民族理论研究》1993 (4),第2页。

为处理民族问题的基本原则和根本指导思想,较好地解决了我国的民族问题,并且在理论上提出了独到的见解,为马克思主义民族理论增添了新的内容。

(1) 关于民族平等的纲领和政策

毛泽东根据中国少数民族过去与现在生活的实质对比,提出了四个方面的民族纲领与政策:①我国各少数民族和汉族都有平等的权利,有自己管理自己事物的权利,各少数民族与汉族共同建立统一的国家;②针对我国民族分布大杂居、小聚居的特点,阐明了汉族与杂居的少数民族都有在当地政府中设置委员的权利;③尊重少数民族的文化、宗教、习惯、语言文字是民族平等的重要内容,"各民族在语言文字、风俗习惯、宗教信仰等方面都有平等权利";④"在一切工作中要坚持民族平等政策"。① 在调节我国民族关系问题上,重要的是纠正大汉族主义;提出了应由政府自动实施的"民族区域自治"为国家政治制度。

毛泽东关于民族平等的纲领和政策还可以具体归纳为这样几点:①把民族团结当作社会主义事业胜利的基本保证,一切事情都要有利于民族团结、祖国统一;②我国各民族不分人口多少、历史长短、发展程度高低,都对祖国的文明做出了贡献,都应该一律平等;③充分尊重少数民族,尊重他们的风俗习惯,少数民族地区的社会改革必须谨慎对待;④实行民族区域自治,真正让少数民族人民当家作主;⑤真心诚意地帮助少数民族发展经济,提高文化;⑥大力培养少数民族干部,努力造就一支宏大的德才兼备的少数民族干部队伍;⑦搞好民族关系,关键是克服大民族主义,主要是大汉族主义;⑧争取团结民族宗教上层,形成广泛的统一战线。②

(2) 关于民族团结的纲领和政策

为了解决中国的民族问题,毛泽东还坚持了马克思主义的民族团结纲领。中国是一个由多数民族结合而成的拥有广大人口的国家,"帝国主义过去敢于欺负中国的原因之一,是中国各民族不团结"。所以,毛泽东说过一句很有名的话:"国家的统一,人民的团结,国内各民族的团结,这是我们事业必定胜利的基本保证。"③

毛泽东在领导中国革命和建设过程中,极大地丰富和发展了马克思主义民族团结的理论。毛泽东指出了民族团结的重要性,指出了民族团结的基础、条件、实质、目标和民族内部团结与民族之间团结的关系,提出了民族团结

---

① 参见金炳镐:《毛泽东对马克思主义民族理论的伟大贡献》,《民族理论研究》1993 (4),第3页。
② 参见杨进铨:《毛泽东的民族平等思想》,《民族论坛》1993 (4),第23页。
③ 毛泽东:《关于正确处理人民内部矛盾的问题》,人民出版社1957年版,第1页。

与反对民族主义的关系的完整的思想和理论体系,并科学地阐明了党是民族团结的核心力量,"只有经过共产党的团结,才能达到全阶级和全民族的团结"。①

毛泽东把大汉族主义和地方民族主义作为一种人民内部矛盾来处理的工作方法,在无产阶级民族工作中开创了一个极为光辉的先例,并积累了丰富经验。

毛泽东把民族团结看作是中国革命和建设胜败攸关的大事,这是他的一个伟大创见。他特别重视对少数民族的统战工作,把它作为加强各民族团结的一个重要途径,始终注意和重视发挥少数民族上层在民族团结方面的作用。这既是毛泽东民族理论中的一大特点,又是中国民族团结的一条基本经验。

毛泽东明确指出,在解放前,影响民族团结的主要因素是帝国主义和封建主义的压迫和剥削;解放后则是大汉族主义。所以,我们要反对大汉族主义和地方民族主义;要帮助少数民族发展经济,这是达到民族团结的根本途径;要实行民族区域自治,这是实现民族团结的政治保证;要大力培养少数民族干部,这是搞好民族团结的关键。

毛泽东正是从贯彻民族平等团结的原则高度,提出了尊重少数民族语言文字、风俗习惯、宗教信仰问题。在发展社会主义市场经济的今天,毛泽东的民族平等、民族团结思想对于改革开放仍然具有指导意义。

2. 毛泽东关于民族区域自治的纲领和政策

民族区域自治是毛泽东把马克思主义民族理论运用于中国民族问题实际的创举,是解决中国民族问题的基本形式和重要制度。几十年的实践证明,民族区域自治是解决中国民族问题的正确道路。

(1) 民族区域自治理论的形成

毛泽东关于民族区域自治的思想是在抗日战争时期形成的,是具有中国特色、符合中国各民族心愿的民族区域自治理论。

毛泽东在长征期间接触了大量的少数民族人和事,对中国少数民族问题有了深刻的、实事求是的认识,正是这些认识让毛泽东为首的党中央超越了苏联经验神圣化的成见,克服了教条主义的错误,正确处置了共产国际的指导而走向成熟。

(2) 民族区域自治理论的主要内容

民族区域自治制度是我国的基本政治制度之一,具体说来有两个方面的内容:一是国家结构形式为单一制的人民共和国,不搞联邦制;二是民族问

---

① 《毛泽东选集》第1卷,第269页。

题纲领是实行民族区域自治,不提民族自决权。概括起来说,我国的民族区域自治制度就是在集中的中华人民共和国内,实行民族区域自治制度,作为解决我国民族问题的基本政策。民族区域自治制度是独具中国特色的政治制度之一,简单说来就是要坚持国家统一的原则,坚持民族平等的原则,形式灵活多样,适应我国民族大杂居小聚居的社会特点。

(3) 关于民族区域自治的完善和发展

毛泽东的民族区域自治理论政策中,关键环节是要培养造就大批少数民族干部,这是民族问题本身的特点、民族干部的特点和特殊作用所决定的。毛泽东为培养少数民族干部提出了正确方向和最高标准,亲自主持制定了培养少数民族干部的方针、政策,为造就宏大的少数民族共产主义干部队伍做出了巨大贡献,也为民族区域自治的完善起了重要作用。

(4) 关于民族区域自治制度法制化

毛泽东和中国共产党重视民族区域自治的立法以及民族立法的进程,指出由毛泽东亲自奠基,我国的民族立法形成了以宪法为基础,以民族区域自治法为主干,包括其他有关法律法规和民族自治地方自治条例、单行条例的民族法律体系。

3. 毛泽东关于少数民族发展的理论和政策

(1) 关于少数民族发展的理论和政策

毛泽东的少数民族发展理论和政策包括三个方面的内容:①这些地区(指少数民族地区解放前的落后状况)社会改革必须进行;②国家和汉族人民要诚心诚意地积极帮助少数民族发展;③少数民族的政治、经济、文化等要全面发展,特别是经济要发展。

毛泽东这些思想丰富了马克思主义民族理论。

(2) 关于民族地区的社会改革

毛泽东根据我国少数民族地区解放前还存在原始公社所有制、奴隶主所有制、封建主所有制等情况,指出"少数民族地区的社会改革,是一件重大的事",强调少数民族地区"社会制度的改革必须实行",并根据不同条件逐步完成少数民族地区的民主改革和社会主义改造。①

毛泽东把马克思主义关于生产关系一定要适应生产力发展状况的基本观点应用于我国民族地区,这些地区的社会改革是对落后的社会制度进行的改革,是发展民族经济、促进民族繁荣的客观要求。

当然,毛泽东在处理民族地区社会改革问题的时候,也很讲究灵活性。

---

① 参见《毛泽东选集》第5卷,人民出版社1977年版,第23、278页。

比如，毛泽东在审定西南局与西藏地方政府谈判的条件时，就有关西藏社会各项改革事宜，专门在"西藏人民"之后加了"及西藏领导人员"七个字。这件事，在当时的历史条件下，可以说是实现西藏和平解放的关键。在中国历史上，由于民族压迫现象的存在，致使少数民族内部产生了民族利益的一致性，少数民族劳动群众仍然以民族、宗教上层作为民族利益代表者。毛泽东正是从这种社会实际出发而作出的灵活决策，也是毛泽东在处理少数民族问题上一贯坚持的策略思想。毛泽东还告诫全党："少数民族地区的社会改革，是一件重大的事情，必须谨慎对待……这种改革必须由少数民族自己来解决。"①

（3）诚心诚意地帮助少数民族发展

毛泽东根据原苏联俄罗斯民族同少数民族关系很不正常的情况，提出我们应接受这个教训，要诚心诚意地帮助少数民族发展。毛泽东从中国历史发展，从少数民族的贡献和少数民族地区在我国现实社会中的地位以及国际上的教训等角度，阐述了"诚心诚意地积极帮助"少数民族发展的重要性与必要性。②

帮助各少数民族，让各少数民族得到发展和进步，这也是整个国家利益之所在。只有各民族团结起来共同建设强大的社会主义国家，才有可能帮助少数民族逐步发展政治、经济、文化，消除事实上的不平等。

另外，毛泽东还有一个一贯的思想，那就是把自力更生和国家的帮助结合起来，作为加强发展少数民族经济的重要途径。毛泽东在谈到少数民族发展时，特别强调要搞好民族地区的经济工作，并在此基础上促进少数民族在文化、政治、教育等方面的全面发展。

（三）毛泽东的民族工作原则和方法

毛泽东关于民族工作的原则和方法主要有如下内容。

1. 原则性和灵活性相结合，普遍性和特殊性相结合

毛泽东同志在指导民族工作的过程中，注意原则性和灵活性、共同性和特殊性的结合。他指出，"少数民族在政治、经济和文化上都有自己的特点"，"少数民族问题，它有共同性，也有特殊性"，因此，"共同的就要适用共同的条文，特殊的就要适用特殊的条文"。民族自治地方"可以按照当地民族的政

---

① 参见《毛泽东选集》第5卷，人民出版社1977年版，第23页。
② 参见金炳镐：《毛泽东对马克思主义民族理论的伟大贡献》，《民族理论研究》1993（4），第5页。

治、经济和文化的特点,制订自治条例和单行条例"。根据毛泽东同志的这一工作原则、方法,我国在民族工作中充分注意了少数民族和少数民族地区的特殊性,制定了100多个自治条例和单行条例,正确处理了民族地区发展中的许多特殊问题。

2. 把正确处理人民内部矛盾,作为社会主义时期民族工作的主题

正确处理人民内部矛盾,是社会主义时期民族工作的主题,也是毛泽东民族工作原则和方法的重要方面。

毛泽东同志在1957年提出了正确处理两类不同性质的矛盾的理论,并把它运用到了民族工作中,把大汉族主义和地方民族主义作为需要克服的一种人民内部矛盾。在社会主义条件下,做民族工作,搞好汉族和少数民族的关系,处理民族内部矛盾问题,主要是正确处理人民内部矛盾的问题。即使对敌我性质的个别事件的处理,对多数参与的群众也应按处理人民内部矛盾的方法加以处理,这既可以争取大多数,又可以孤立少数,使民族工作顺利开展。

3. 民族工作要按照各民族不同地区不同情况开展

在具体的民族工作中,毛泽东强调要按照各民族不同地区的不同情况进行工作。有些地方可以做得快一点,有些地方可以做得慢一点,不论做快做慢都要先商量好了再做,没有商量好就不勉强做。商量好了,大多数人赞成了,就慢慢地去做。①

这一点上,毛泽东关于西藏工作的讲话非常说明问题:"经过各族人民几年来的努力,我国少数民族地区绝大部分都已经基本上完成了民主改革和社会主义改造。西藏由于条件还不成熟,还没有进行民主改革。按照中央和西藏地方政府的十七条协议,社会制度的改革必须实行,但是何时实行,要待西藏大多数人民群众和领袖人物认为可行的时候,才能作出决定,不能性急。现在已决定在第二个五年计划期间不进行改革。在第三个五年计划期间内是否进行改革,要到那时看情况才能决定。"②

4. 坚持民主协商,主张"商量办事",即使"做好事也要商量着做"

这也是毛泽东民族工作原则和方法的一大特点。毛泽东同志强调"商量办事,这是共产党和国民党不同的地方"。中国共产党是代表各民族人民利益的,又是最尊重各民族人民的平等、自主、发展权利的,因此,做好事和商

---

① 参见毛泽东:《接见西藏国庆观礼团、参观团代表的谈话》(1953年10月18日),《毛泽东文集》第六卷,人民出版社1999年版,第311页。

② 毛泽东:《关于正确处理人民内部矛盾的问题》(1957年2月27日),《毛泽东文集》第七卷,人民出版社1999年版,第227页。

量办事是完全可以统一的。党和毛泽东同志在少数民族地区的社会制度改革、风俗习惯改革等问题,特别是在西藏的改革和发展问题上都这么做了,受到各族人民的欢迎。

5. 一切工作要坚持民族平等和民族团结,这是民族工作的根本原则

新中国成立不久,毛泽东就明确提出民族工作的纲领性指导原则:"在一切工作中要坚持民族平等和民族团结政策。"① 1949年的《共同纲领》和1954年的《宪法》都明确规定:中华人民共和国境内各民族一律平等,禁止任何民族歧视、压迫和分裂团结的行为,各民族享有平等权利。民族的平等团结用国家根本大法的形式固定下来,使其成为全国各族人民的行动准则。②

6. 经常检查汉族和少数民族的关系

这也是毛泽东同志提出的民族工作的重要原则和方法。毛泽东同志多次指出党内和人民中存在大汉族主义的问题,多次提出反对大汉族主义和地方民族主义的问题,特别是着重反对大汉族主义,要求经常注意检查民族关系情况,发现问题,认真处理,不要只口头讲。

根据毛泽东同志的指示,1953年、1956年和1957年进行了全国性的民族关系和民族政策执行情况的检查,发现和解决了许多问题。毛泽东同志提出的这一做法,也作为我们党民族工作的传统做法之一确定下来。

7. 强调"要广泛地持久地进行无产阶级的民族政策教育"

这是毛泽东高瞻远瞩提出的具有战略意义的民族工作原则和方法。毛泽东指出:"历史上的反动统治者,主要是汉族的反动统治者,曾经在我们各民族中间制造种种隔阂,欺负少数民族。这种情况所造成的影响,就在劳动人民中间也不容易很快消除。所以我们无论对干部和人民群众,都要广泛地持久地进行无产阶级的民族政策教育。"③ 这一做法是中国民族工作的独创,在我国民族工作中发挥了重要作用。

二、邓小平的民族理论

邓小平理论是毛泽东思想的继承和发展,是把马克思主义同当代中国实践和时代特征结合起来的中国特色社会主义的理论。邓小平民族理论是邓小平理论的重要组成部分,是立足社会主义初级阶段的基本国情,全面总结国

---

① 《毛泽东书信选集》,人民出版社1983年版,第349页。
② 李贽,周秀菊:《建国初期毛泽东民族思想的理论体系和历史贡献》,《社会主义研究》2005(1)。
③ 毛泽东:《论十大关系》,见《人民日报》1976年12月26日,第一版。

内外民族问题正反两方面经验的理论成果,是马克思列宁主义、毛泽东思想在新的历史条件下的继承和发展,是与马列主义、毛泽东民族理论一脉相承的,是马克思主义民族理论在中国发展的新阶段。

(一) 坚持民族平等和民族团结

民族平等和民族团结是马克思主义解决民族问题的一项基本原则,在处理民族关系方面,邓小平一直坚持的了这一原则。

1. 新中国建立之初的民族平等和民族团结思想

新中国建立初期,我国各个民族从不同的社会形态下同时跨入社会主义,成为祖国民族大家庭中的一员。历史上统治者造成的各民族之间不信任,甚至仇视情绪也带入了新的历史时期。这种历史背景使得新中国的民族问题显得很复杂,对此,邓小平把民族平等和民族团结的基本原则与民族问题的具体实际结合起来,运用到实际工作中去,提出了许多独到的见解。

(1) 清除民族隔阂,搞好民族团结

邓小平提出,首先要消除民族隔阂。他说:"在中国历史上,少数民族与汉族的隔阂是很深的。……少数民族要经过一个长时间,通过事实,才能解除历史上大汉族主义造成的他们同汉族的隔阂。我们要做长期的工作,达到消除这种隔阂的目的。要使他们相信,在政治上,中国境内各民族是真正平等的;在经济上,他们的生活会得到改善;在文化上也会得到提高。所谓文化,主要是指他们本民族的文化。如果我们不在这三方面取得成效,这种历史的隔阂,历史的裂痕就不可能消除。"[①]

他认为,由于革命战争年代做了较好的基础工作,加上解放后的工作,"我们完全可以解决几千年遗留下来的民族隔阂,把各民族团结好。"[②]

(2) 抛弃大汉族主义和地方民族主义

邓小平认为,资产阶级民族主义在我国表现为大民族主义和地方民族主义,是影响民族团结的一个根本因素。他说:"只要一抛弃大民族主义,就可以换得少数民族抛弃狭隘的民族主义。我们不能首先要求少数民族取消狭隘民族主义,而是应当首先老老实实取消大民族主义。两个主义一取消,团结就出现了。""现在我们民族工作的中心任务是搞好团结,清除隔阂。只要不出乱子,能够开始消除隔阂,搞好团结,就是工作做得好,就是成绩。"[③] 邓小

---

① 《邓小平文选》第 1 卷,第 162 页。
② 同上,第 163 页。
③ 同上,第 163 - 164 页。

平的这种思想对建国后的民族工作具有很强的指导性。

(3) 在实际工作主张多商量，搞好团结

在实际工作中，他认为既要加强与少数民族群众的团结，也要加强同少数民族上层人物的团结。他说："现在一切事情都要经过他们上层，要对上层分子多做工作，多商量问题，搞好团结。"① 他的这种思想主张一直是我党开展民族工作和统战工作的基本原则。

2. 改革开放以后，进一步强调民族平等和团结

邓小平关于民族平等、民族团结的主张是对马克思主义民族理论的创新和发展，改革开放以后，邓小平进一步强调民族平等和民族团结的重要性，他指出："我们的民族政策是正确的，是真正的民族平等。我们十分注意照顾少数民族的利益。中国一个很重要的特点就是没有大的民族纠纷。""中华人民共和国没有民族歧视，我们对西藏的政策是真正立足于民族平等"，"我们帮助少数民族地区发展的政策是坚定不移的。""我们要争取整个中华民族的大团结。"②

(1) 处理国内民族问题上，大力发展生产力，推动少数民族地区经济社会发展

邓小平说："我们帮助少数民族地区发展的政策是坚定不一的。""观察少数民族地区主要是看那个地区能不能发展起来。"③ 在新的历史时期，搞好民族工作，增强民族团结的核心问题，就是要积极创造条件，加快发展少数民族和民族地区的经济文化等各项事业，促进各民族的共同繁荣，这既是少数民族和民族地区人民群众的迫切需要，也是我们社会主义民族政策的根本原则。

(2) 处理国际民族关系问题上，坚持国际主义原则，反对霸权主义和强权政治

邓小平说："我们现在还很穷，在无产阶级国际主义义务方面，还不可能做得很多，贡献还小。到实现了四个现代化，国民经济发展，我们对人类特别是第三世界的贡献可能会多一点。作为一个社会主义国家，中国永远属于第三世界，永远不能称霸。"④

1982年8月21日在会见联合国秘书长德奎利亚尔时，邓小平说："中国

---

① 《邓小平文选》第1卷，第168页。
② 同上，第161-164页。
③ 《邓小平文选》第3卷，第246-247页。
④ 《邓小平文选》第2卷，第112页。

对外政策是一贯的,有三句话,第一句是反对霸权主义,第二句话是维护世界和平,第三句话是加强同第三世界的团结和合作,或者叫联合和合作。"①这些思想主张是在新的国际形势下对马克思主义国际主义思想的丰富发展。

(3) 在处理香港台湾问题上,也体现出民族团结联合的思想

邓小平在中华人民共和国成立35周年庆祝典礼上的讲话中指出:"我们主张对我国神圣领土台湾实行和平统一,……希望全国各族同胞,包括港澳同胞、台湾同胞和海外侨胞,共同促使这一天早日到来。"在谈到香港问题时说:"我们不是有个口号叫'中华民族大团结万岁'吗?只要站在民族的立场上,维护民族的大局,不管抱什么政治观点,包括骂共产党的人,都要大团结。"他站在整个中华民族利益的高度,站在民族大团结的高度,抛开政治见解的不同,提出民族利益高于一切的观点,这种思想主张成功地解决了香港和澳门问题,为解决台湾问题提供了一个范例。

(4) 在对待海外侨胞、爱国人士问题上也坚持平等团结的主张

1986年6月18日,邓小平在会见来自美国、加拿大、澳大利亚、联邦德国、巴西等国家以及中国港澳地区的荣氏亲属和内地荣氏亲属时说:"这次你们亲属团聚是一件喜事,是我们民族大团结的一个体现,一个演习。我们要争取整个中华民族的大团结。我们欢迎海外华侨、华人都回来走走。一是了解我们的国家,二是看看有什么事情可以参与,可以尽力。我相信在国外的华侨、华人是会热心支持我国的建设事业的。"②

总之,邓小平关于民族平等和民族团结的思想体现在这样几个层面上:一是国内各族人民的平等团结,是中华民族繁荣进步的前提和基础;二是加强与港澳台同胞和海外华人的团结,以增强海内外华人的凝聚力,是民族团结的扩大;三是全世界各族人民的大团结,既是国际主义的体现,也是人类共同追求的目标和当今世界和谐发展的主题,是民族团结的最高境界。③

(二) 在民族发展问题上,主张各民族共同繁荣、共同富裕

全面实现民族发展,邓小平主张各民族共同繁荣、共同富裕。这是邓小平民族理论解决民族问题的核心内容。

早在20世纪50年代初期,邓小平就把各民族的共同繁荣、共同富裕作为解决民族问题的关键来抓。邓小平说:"不仅西藏,其他少数民族地区也一

---

① 《邓小平文选》第2卷,第415页。
② 《邓小平文选》第3卷,第161页。
③ 参见黄柏权:《邓小平民族理论论纲》,《贵州民族研究》1998(2)。

样,我们的政策是着眼于把这些地区发展起来。"①"实行民族区域自治,不把经济搞好,那个自治就是空的。少数民族是想在自治里得到好处,一系列经济问题不解决,就会出乱子。"② 可见,邓小平一直是把发展经济作为民族共同繁荣的重要基础。

十一届三中全会以后,邓小平关于各民族共同繁荣共同富裕的思想得到进一步发展和完善。他指出:"在经济政策上,我认为要允许一部分地区,一部分企业,一部分工人农民,由于辛勤努力成绩大而收入多一些,生活先好起来。一部分人生活先好起来,就必然产生极大的示范力量,影响左邻右舍,带动其它地区,其他单位的人们向他们学习。这样,就会使整个国民经济不断地波浪式地向前发展,使全国各族人民都比较快地富裕起来。"③

邓小平认为,发展是"民族的要求,人民的要求,时代的要求"。④ 他指出:为了帮助少数民族发展经济,"采取了很多措施发展少数民族地区","我们的政策是着眼于把这些地区(指少数民族地区)发展起来","我们帮助少数民族地区发展的政策是坚定不移的"。⑤邓小平还把发展作为观察民族地区工作成效的标准。他说:"观察少数民族地区主要是看那个地区能不能发展起来"。⑥

实现民族共同繁荣是邓小平民族理论解决民族问题的归宿点,也是邓小平民族理论的宗旨,体现了社会主义的本质要求。他说:"社会主义最大的优越性就是共同富裕,这是体现社会主义本质的一个东西。如果搞两极分化,情况就不同了,民族矛盾、区域矛盾、阶级矛盾都会发展,相应地中央和地方的矛盾也会发展,就可能出乱子"⑦。

(三)在民族法制建设上,主张实行民族区域自治

新中国成立之初,邓小平针对西南少数民族的实际情况就指出实行民族区域自治的必要性。他说:"各少数民族聚居的地区,应实行民族的区域自治……这个政治上的问题,不解决不行。"他认为,在当时的历史条件下,实行民族区域自治应该研究许多实际问题,要有区别、有计划、有步骤地进行;

---

① 《邓小平文选》第3卷,第362页。
② 《邓小平文选》第1卷,第167-168页。
③ 《邓小平文选》第2卷,第152页。
④ 《邓小平文选》第3卷,第357页。
⑤ 同上,第246-247页。
⑥ 同上,第247页。
⑦ 同上,第346页。

在实行区域自治的过程中,要考虑到政治、经济、文化多方面因素。邓小平的这些思想主张切合当时中国少数民族地区的实际,不但为解决西南民族问题起了直接的指导作用,对解决中国的民族问题也具有普遍指导意义。

十一届三中全会以后,邓小平在民族区域自治的理论和实践上都作出了巨大贡献。首先是把民族区域自治纳入法制建设的轨道。1980年中央政治局扩大会议上,邓小平指出:要把"各民族真正实行民族区域自治作为修改完善宪法的一个重要内容"。在他主持制定的十一届六中全会《关于建国以来党的若干历史问题的决议》中又强调:"必须坚持实行民族区域自治,保证少数民族地区根据本地区实际情况贯彻和执行党和国家政策自主权"。在邓小平理论的指导下,在总结建国以来实施民族区域自治经验的基础上,1984年5月我国制定和颁布了《中华人民共和国民族区域自治法》。这是我国民族法制建设和民族区域自治制度进一步完善的标志。它重申了民族区域自治是我国的一项基本政治制度,规定了实行民族区域自治的基本原则。民族自治地方和民族自治机关的组成以及它在政治、经济、文化、教育、卫生、科技等各方面的自治权利。自治法还规定了坚持四项基本原则是实行民族区域自治的指导思想,规定了民族自治地方在新的历史时期的任务。《民族区域自治法》的颁布实施,是邓小平民族理论的重大成果。十五大又将这一制度写入报告,成为有中国特色社会主义政治的组成部分。报告指出:"建设有中国特色社会主义政治,就是在中国共产党领导下,在人民当家作主的基础上,依法治国,发展社会主义民主政治,坚持和完善人民代表大会制度和共产党领导的多党合作、政治协商制度以及民族区域自治制度……"由于民族区域自治纳入法制化轨道,一些因极"左"思想干扰未能实施区域自治的民族地区也逐步实现了民族区域自治。邓小平民族理论在实践中获得了极大的成功。

(四)一切从实际出发、尊重少数民族意愿的民族工作方法

实事求是,一切从实际出发是中国马克思主义理论的核心,在处理民族问题上,邓小平的思想也体现了这一点。

1. 充分认识民族工作的特殊性

邓小平说:"我们对少数民族地区确立了一个原则,就是在汉族地区实行的各方面的政策,包括经济政策,不能照搬到少数民族地区去,要区分哪些能用,哪些修改才能用,哪些不能用。要在少数民族地区研究出一套政策,诚心诚意为少数民族服务"。他指出,做民族工作不能"患急性病",要摸清情况,慢慢去做,才不会出乱子。

2. 要诚心诚意，用商量的办法解决问题

邓小平说："只要我们真正按共同纲领去做，只要我们从政治上、经济上、文化上诚心诚意地帮助他们，就会把事情办好。"①为了把民族工作做好，"我们派往少数民族地区的干部要少而精，不在数量而在质量。他们要懂得民族政策，真正想把少数民族工作做好，不准一个人出乱子"。②"又比如实行民族区域自治，我们派不派干部？派是必要的，但一定要少而精，要派真正能帮助他们的干部，至于用什么名义，还要跟他们商量"。③ 他指出："所有这一切工作，都要掌握一个原则，就是要同少数民族商量。他们赞成就做，赞成一部分就做一部分，赞成大部分就做大部分，全部赞成就全部做。一定要他们赞成，更大多数人赞成……"④"一切事情同他们商量，用开代表会议的方式解决问题。我们的工作态度是实事求是，老老实实。"⑤

以上只是从几个角度就邓小平民族理论的主要内容作了一个介绍，邓小平民族理论还有许多重要内容，诸如民族地区改革开放的理论；民族地区教育科技文化和医疗卫生事业理论；关于培养少数民族干部理论；关于维护祖国统一、反对民族分裂的理论；关于尊重少数民族风俗习惯和宗教信仰的理论；关于民族工作的方法的理论等，限于篇幅，在此就不作详细介绍了。

三、以江泽民为核心的中国共产党第三代领导集体的民族思想

以江泽民为核心的党的第三代领导集体面对新的世情、国情和党情，站在建设中国特色的社会主义全局的高度，站在国家发展繁荣的高度，全面观察、准确判断、科学把握国内外民族问题发展变化的新情况、新问题、新趋势，回答了什么是民族问题和社会主义初级阶段民族问题的规律和特点，涉及了怎样解决发展社会主义市场经济中的民族问题等全新的内容，具有理论创新的品格和时代特征，是"三个代表"重要思想在民族工作上的体现，是邓小平民族理论的新发展，为丰富和发展马克思主义民族理论作出了重要贡献。

（一）江泽民关于民族及其发展规律的思想

1. 民族是一个历史的范畴，中华民族是一个多元统一体

马克思主义民族观坚持历史唯物主义的基本立场，认为民族的产生、发

---

① 《邓小平文选》第1卷，第163页。
② 同上，第165页。
③ 同上，第166页。
④ 同上，第168页。
⑤ 同上，第170页。

展和消亡是一个漫长的历史过程。江泽民站在马克思主义民族观的基本立场上，表明了关于中华民族和民族发展过程的思想，这是江泽民关于民族的基本观点和见解，是整个江泽民民族观的主要基础。

（1）中华民族是一个多元统一的整体

江泽民有过一段讲话："我国历来是一个统一的多民族国家，在漫长的历史发展中，经过长期锤炼，形成了具有强大内聚力的中华民族。"① 从这里可以看出，他实际上是论述了中华民族是一个整体与多元的统一，是一个多元统一体。鸦片战争后，外来帝国主义的压迫使中华民族由一个自在的整体发展成为一个自为的整体。这个思想跟毛泽东和邓小平的看法是一致的，但是，强调了民族整体的多元性与统一性。

（2）民族的产生、发展和消亡是一个漫长的历史过程

民族的产生和发展是一个漫长的过程，民族消亡是以全世界各民族实现高度的物质文明、政治文明和精神文明为必要条件，这是一个极其长期的、自然的、渐进的过程，任何违背民族发展客观规律的做法，都只能适得其反。

2. 社会主义阶段民族发展有其特殊的规律和特点

社会主义阶段是各民族共同繁荣兴旺的时期，各民族之间的共同因素在不断增多，但民族特点、民族差异将继续存在。

江泽民要求全党要坚决反对在此问题认识上的两种错误倾向：一方面，不能忽视民族特点和民族差异，否则，就会损害民族关系，破坏民族团结；另一方面，也不能人为地扩大民族差别，否则只能制造或加剧民族间的矛盾甚至隔阂、不信任，不利于中华民族的团结和进步。

（二）关于民族问题的内涵、特点及解决民族问题途径的思想

1. 关于民族问题的内涵

江泽民第一次把发展引入民族问题，充实了民族问题的内涵，是对马克思主义民族理论的一种创新。民族问题既包括民族自身的发展，又包括民族之间、民族与阶级、国家之间的关系。

江泽民之所以把发展作为民族问题的首要内容，可以作如下的解读：第一，新中国建立之后，特别是改革开放以来，少数民族和民族地区虽然已经有了很大的发展，但是，其发展速度并不是很理想，与发达地区经济发展差距拉大；第二，加快少数民族和民族地区的发展，是增强民族团结的核心；

---

① 《加强各民族大团结，为建设有中国特色的社会主义携手前进》（1992年1月14日），《十三大以来重要文献选编》下册，第1845-1846页。

第三，加快少数民族和民族地区的发展，是体现社会主义本质和实施党的民族政策的内在要求。①

2. 关于民族问题的特点

江泽民深刻总结国际共产主义运动史上处理民族问题正反两个方面的经验，提出了"民族宗教无小事"的论断，指出民族问题具有普遍性、长期性、复杂性、国际性和重要性五个基本特征，揭示了当代民族问题发展的基本规律。

3. 关于解决民族问题的途径

关于解决民族问题的途径，江泽民指出，一是继续巩固和发展社会主义民族关系；二是坚持和完善民族区域自治制度；三是加快民族地区的经济发展和进步。这三条高度概括了我国解决民族问题的根本原则、基本政策和根本途径，只要我们认真地做好这三个方面的工作，我国的民族问题就一定能够得到解决。②

江泽民提出的解决民族问题的正确道路是把马克思主义的民族思想与中国的实际结合起来，其关键是中国共产党的领导，指导纲领是"三个代表"重要思想，核心是加强民族区域自治的法制建设，依法解决民族问题，根本是大力发展民族地区社会经济。只有实现全国各民族的共同富裕，才能彻底解决民族问题。③

（三）江泽民关于社会主义民族关系的思想

江泽民的民族关系思想包括四个方面的内容：

第一，实现各民族一律平等；

第二，加强各民族的大团结；

第三，巩固和发展社会主义民族关系；

第四，国家统一是各族人民的最高利益。

这四个方面可以概括为江泽民民族平等团结统一观，即江泽民关于坚持民族平等、加强民族团结、维护祖国统一的思想观点，三者互为条件，重心在民族团结。④

江泽民从政治、经济、文化三个方面继承和发展了邓小平的民族平等思想，这充分地证明了以江泽民同志为核心的第三代领导集体与时俱进的理论品质和对民族平等的高度重视，这一思想对新的历史时期我国如何进一步实现民族平等和各民族共同繁荣产生了巨大的促进作用。

---

①②③④ 参见张衍霞《江泽民民族思想研究述评》，《攀登》2007（4）。

（四）江泽民关于民族区域自治的思想

江泽民对于民族区域自治思想的贡献主要体现在三个方面。

第一，提高了民族区域自治制度的政治地位。

明确了民族区域自治制度在国家政治制度体系中的地位，把民族区域自治制度列为我国三大基本政治制度之一。2001年修改的《中华人民共和国民族区域自治法》，更是以法律的形式确定了他的这个思想。

第二，丰富了我们党关于民族区域自治制度特点的思想。

第三，促进了民族区域自治制度的法制化进程。

这些思想和实践，对完善民族区域自治制度，推进民族自治地方的全面发展，发挥了重要的积极作用。

（五）关于少数民族和民族地区经济发展的思想

江泽民关于少数民族和民族地区经济发展的思想和政策的基本观点包括如下内容。

第一，加快少数民族和民族地区发展，是党的民族政策的基本出发点和归宿，是社会主义本质要求在民族工作上的体现，是现阶段民族工作的重要任务。

第二，少数民族和民族地区的发展，既是个经济问题，也是个政治问题。

第三，民族地区的改革开放应从实际出发，慎重稳进。

第四，各族人民群众是社会主义现代化建设和改革开放的依靠力量。

第五，实施西部大开发是民族地区加快发展的重要历史机遇。

第六，少数民族和民族地区要获得较快发展，既需要国家扶持和比较发达地区的帮助，更需要发扬自力更生、艰苦奋斗的精神。

这六个方面涵盖了民族发展问题的各个方面和基本环节，充分体现了江泽民关于民族发展思想的全面性、完整性和创造性。[①]

（六）江泽民关于培养和选拔少数民族干部的思想

1. 要注意培养和选拔少数民族干部

江泽民关于培养和选拔少数民族干部的思想包括以下一些内容：

① 努力造就一支宏大的德才兼备的少数民族干部队伍，是做好民族工作和解决民族问题的关键；

---

① 参见张衍霞《江泽民民族思想研究述评》，《攀登》2007（4）。

② 培养选择少数民族干部是一件关系全局、具有战略意义的事；
③ 少数民族干部队伍状况是衡量一个民族发展的重要标志；
④ 培养少数民族干部，既要有计划地扩大数量，更要提高素质、改善结构；
⑤ 要注意培养少数民族中高级干部和各种科技、管理人才。

2. 如何培养少数民族干部

关于如何超前意识少数民族干部，江泽民主要强调了五点：
① 提高少数民族干部素质；
② 改善少数民族干部队伍结构；
③ 选拔优秀中青年少数民族干部；
④ 建立和完善培养少数民族干部的管理机制；
⑤ 各民族干部共同为各民族人民谋利益。

（七）江泽民关于民族风俗习惯和宗教信仰的思想

江泽民的宗教观有十点创新：①

第一，正确认识和处理宗教问题是中国特色社会主义事业的重要内容；

第二，研究宗教问题要有世界眼光；

第三，充分认识我国社会主义时期宗教问题的长期性和复杂性；

第四，发挥宗教的积极作用，克服消极作用；

第五，贯彻宗教信仰自由政策要全面正确，并保持这一政策的稳定性和连续性；

第六，处理同宗教界的关系要坚持政治上团结合作、信仰上互相尊重的原则；

第七，国家要依法对宗教事务进行管理；

第八，坚持独立自主办教会的原则；

第九，积极引导宗教与社会主义社会相适应；

第十，共产党员要坚持马克思主义宗教观，不能信仰宗教，要对人民群众进行唯物论和无神论的教育。

（八）江泽民关于发展少数民族和民族地区社会事业的思想

江泽民关于发展民族地区社会事业的思想包括这样一些内容：

第一，大力发展民族地区的各项社会事业，关系到国家的长治久安和

---

① 参见张衍霞《江泽民民族思想研究述评》，《攀登》2007（4）。

富强；

第二，发展民族地区的科技、文化、教育事业，提高少数民族的科学文化素质；

第三，发展民族卫生、体育事业，增强人民体质；

第四，结合少数民族实际，实行计划生育和优生优育，提高人口素质；

第五，少数民族人口增长要与经济社会发展相协调。

江泽民强调加快少数民族和民族地区的发展是我们党的民族政策的基本出发点和归宿，是关系到我国社会主义现代化建设胜利实现的重大问题，并且把它摆在国家未来发展战略中更加突出的位置，这是从未有过的。

江泽民关于少数民族地区社会全面进步的论述，强调了少数民族地区社会全面进步和贯彻科教兴国的方针，积极倡导各民族相互学习语言，强调用历史教育各族干部和群众。这些论述丰富和发展了邓小平的民族思想。①

四、科学发展观视角下的民族理论

在21世纪新的历史时期，在风云变幻的国际国内形势下，胡锦涛从全局和战略的高度阐述了我们党和国家解决我国民族问题的基本观点、方针和政策，继承和发展了马克思主义的民族观，构筑了新世纪新时期民族工作科学的思想理论体系，完善了独具中国特色的社会主义民族理论，指导我国的民族工作取得了历史性的成就。

（一）胡锦涛关于民族及其发展规律的理论

1. 对民族共同体的新解释

对民族共同体的解释，是正确认识民族纲领政策来解决本国民族问题的大问题。以胡锦涛为代表的中央领导集体运用马克思主义民族观，结合民族共同体发展的一般规律、特殊规律和我国民族问题实际，对"民族"作出了新的解释，即：民族是在一定的历史发展阶段形成的稳定的人们共同体；一般来说，民族在历史渊源、生产方式、语言、文化、风俗习惯以及心理认同等方面具有共同的特征；有的民族在形成和发展的过程中，宗教起着重要作用。② 这段解释科学阐述了民族共同体基本特征和内涵，揭示了民族共同体仍

---

① 参见张衍霞《江泽民民族思想研究述评》，《攀登》2007（4）。
② 参见吴仕民主编：《中国民族理论新编》（修订本），中央民族大学出版社2008年版，第18页。

形成的复杂、特殊原因,符合民族共同体形成、发展规律。这是对马克思主义民族理论的重要贡献。

2. 对民族的产生、发展和消亡规律的新阐述

以胡锦涛为代表的中央领导集体坚持发展了马克思主义民族观,重申了"民族的产生、发展和消亡是一个漫长的历史过程。在人类社会发展中,民族的消亡比阶级、国家的消亡还要久远"①。这是对民族发展客观规律的科学阐述,也是对毛泽东关于国家消亡论断的发展。

3. 对社会主义时期各民族发展繁荣的新论述

胡锦涛指出:"在社会主义制度下,我国实现了各民族政治上的平等,各民族共同繁荣发展具备了根本政治条件,各民族人民的根本利益是一致的。随着我国经济、政治、文化和社会的发展,各民族相互学习、相互影响、相互帮助,共同因素会不断增多"②。现阶段,我国各民族的"民族特点和民族差异、各民族在经济文化发展上的差距将长期存在。对此,我们要有充分的认识"③。这是以胡锦涛为代表的中央领导集体对我国民族发展规律的科学判断。

（二）胡锦涛关于民族问题的理论

以胡锦涛为代表的党中央领导时期,是我国进入全面建设小康社会、构建和谐社会的新阶段。作为我国社会总问题一部分的民族问题,胡锦涛指出:"在现实生活中,往往表现为经济问题与政治问题交织在一起,现实问题与历史问题交织在一起,民族问题与宗教问题交织在一起,国内问题与国际问题交织在一起。正确处理民族问题,涉及我国经济建设、政治建设、文化建设与和谐社会建设各个方面"④。这一时期,民族问题出现了事关现代化建设全局的新情况、新问题,我国民族工作面临新挑战、新任务,需要我们常对新世纪、新阶段民族问题进行新概括,提出新纲领。

现阶段我国民族问题集中表现在少数民族和民族地区的发展问题,即少数民族和民族地区强烈发展愿望与自身发展能力不足的问题,与发达地区发展差距进一步拉大趋势的问题,以及如何加快少数民族和民族地区经济社会发展的问题。

我国现阶段的民族问题只有在建设中国特色社会主义、实现中华民族伟

---

① 参见吴仕民主编:《中国民族理论新编》（修订本）,中央民族大学出版社2008年版,第18页。

②③④ 胡锦涛:《在中央民族工作会议暨国务院第四次全国民族团结进步表彰大会上的讲话》（单行本）,人民出版社2005年版,第4页。

大复兴的共同事业中才能逐步得到解决。

以胡锦涛为代表的中央领导集体指出,中国特色社会主义道路是解决我国民族问题的根本道路,我国的民族问题必须放到建设中国特色社会主义的全局中来解决。

(三) 胡锦涛关于民族平等关系的理论

以胡锦涛代表党的中央领导集体指出,各民族不分人口多少、历史长短、发展程度高低,一律平等;国家为少数民族创造更多更好的发展机会和条件,保障各民族的合法权利和利益;各民族人民都有义务维护宪法和法律的尊严。

这些都是我们党在坚持马克思主义民族平等理论的基础上,解决中国民族问题的根本原则和总政策。

在民族关系问题上,胡锦涛把"平等、团结、互助、和谐"看成是社会主义民族关系的本质特征。

胡锦涛提出了"我国各民族平等、团结、互助、和谐的社会主义民族关系不断巩固"思想,这是他那一代中央领导集体对社会主义民族关系特征的新总结、新概括,也是我党在特定的历史时期从构建社会主义和谐社会的总体目标出发,基于现实民族问题的特点和规律,对我国民族关系认识的深化发展,为我们更加全面地完善和发展社会主义民关系指出了方向。[①]

在社会主义民族关系问题上增加了"和谐"要素,这是以胡锦涛为代表的党的中央领导集体对我国现实民族问题的准确把握,为我国民族关系确立了一项重要原则,使我国社会主义民族关系内容的表述更加完整。当然,这也是对马克思主义民族理论的重大贡献。

(四) 胡锦涛关于民族区域自治的理论

以胡锦涛为代表的中央领导集体重申了我们党运用民族区域自治处理我国民族问题的基本经验,胡锦涛强调指出:"在国家统一领导下实行民族区域自治,体现了国家尊重和保障少数民族自主管理本民族内部事务的权利,体现了民族平等、民族团结、各民族共同繁荣发展的原则。"[②]

他说:"民族区域自治法是国家保障少数民族和民族地区各项权利的基本

[①] 参见王希恩:《深刻理解"和谐"在我国民族关系中的重要意义》,《西南民族大学学报》2005 (8)。

[②] 胡锦涛:《在中央民族工作会议暨国务院第四次全国民族团结进步表彰大会上的讲话》(单行本),人民出版社2005年版,第15页。

法律，是我国民族工作走上法制化、规范化轨道的重要保障"。① 他再次强调，坚持和完善民族区域自治制度，必须全面贯彻落实民族区域自治法。

在坚持民族区域自治制度方面，胡锦涛的"三个不容"表明了他那一届中央领导集体坚持和完善民族区域自治制度的坚强决心。2005 年，胡锦涛在中央民族工作会议上强调指出："民族区域自治作为党解决我们民族问题的一条基本经验不容置疑，作为我国的一项基本政治制度不容动摇，作为我国社会主义一大政治优势不容削弱。"②

"三个不容"的理论有着丰富的内涵：首先，强调民族区域自治作为党解决我们民族问题的一条基本经验不容置疑，肯定了我国自实行民族区域自治制度以来所取得的重大成就，实践证明，这是我们党解决我国民族问题的一条成功经验；其次，作为我国的一项基本政治制度不容动摇，强调的是民族区域自治制度的地位和作用，这是解决我国民族问题的重要政治制度，民族问题的解决需要在新阶段进一步坚定不移地坚持和完善民族区域自治制度；再次，民族区域自治制度作为我国社会主义一大政治优势不容削弱，在中国特殊的地理环境和人文历史条件下，只有民族区域自治制度所具有的灵活性才有利于保障各民族平等享有的各项权利。③

（五）胡锦涛关于少数民族与民族地区发展的理论

以胡锦涛为代表的中央领导集体强调，21 世纪头 20 年是我国发展的重要战略期，也是加快少数民族和民族地区经济社会发展、实现各民族共同繁荣发展的重要战略机遇期。加快少数民族和民族地区经济社会发展，是现阶段民族工作的主要任务，是解决民族问题的根本途径，必须大力支持少数民族和民族地区加快发展，"必须摆到更加突出的战略位置"。胡锦涛强调指出，"必须毫不动摇地坚持以经济建设为中心，千方百计地加快民族地区的发展，做好这项工作，是关系实现全面建设小康社会、加强民族团结、巩固祖国边防的大事。"④

少数民族与民族地区经济发展的理论与政策主要体现在坚持用科学发展观统领民族地区经济社会发展全局；坚持以经济建设为中心，努力把民族地

---

① 胡锦涛：《在中央民族工作会议暨国务院第四次全国民族团结进步表彰大会上的讲话》（单行本），人民出版社 2005 年版，第 17 页。

② 同上，第 9 页。

③ 参见郎雪霞：《科学发展观视角下的民族理论》，《辽宁行政学院学报》2007（10）。

④ 中共国家民委党组：《"三个代表"重要思想关于民族问题的理论学习纲要》，学习出版社 2004 年版，第 7 页。

区经济搞上去；继续推进西部大开发，把加快少数民族和民族地区发展作为西部大开发的首要任务；完善了民族贸易和民族特需用品生产优惠政策；逐步加大对民族地区财政转移支付力度；加大对人口较少民族的扶持力度；大力推进兴边富民行动。

加快少数民族和民族地区的发展，不仅要以经济建设为中心，还要大力发展各项社会事业。新世纪新阶段，党中央领导集体高瞻远瞩，从战略高度重视少数民族和民族地区各项事业的发展，提出了一系列赋有时代特征的理论和观点，坚持和完善了一系列卓有成效的民族政策和措施，丰富发展了我党民族理论宝库，制订并开始实施少数民族事业"十一五"规划。支持民族地区发展教育事业，支持民族地区发展文化事业，同时，中央领导集体还制定了一系列政策和措施，保护、扶持和发展民族地区体育、卫生等事业，丰富少数民族群众精神文化生活，提高少数民族群众思想道德素质、科学文化素质和健康素质。

关于少数民族和民族地区各项社会事业发展的理论方面，胡锦涛提出的"两个共同"是对马克思主义民族理论与时俱进的新概括。

2003年3月，胡锦涛在全国政协十届一次会议少数民族界委员联组讨论会上的讲话中第一次提出了"共同团结奋斗、共同繁荣发展"的理论，2005年5月进一步对"两个共同"的科学内涵作了阐述。他指出："共同团结奋斗，就是要把全国各族人民的智慧和力量凝聚到全面建设小康社会上来，凝聚到建设中国特色社会主义上来，凝聚到实现中华民族的伟大复兴上来。共同繁荣发展，就是要牢固树立和全面落实科学发展观，切实抓好发展这个党执政兴国的第一要务，千方百计加快少数民族和民族地区经济社会发展，不断提高各族群众的生活水平。只有各民族共同团结奋斗，各民族共同繁荣发展才能具有强大动力。只有各民族共同繁荣发展，各民族团结奋斗才能有坚实基础。"[①]

"两个共同"的理论，不仅是对马克思主义民族理论的继承与创新，而且明确了现阶段我国民族工作的主题。当前我国民族地区发展滞后，地区差距显著，离全面的小康水平还有较大差距。现阶段，只有各民族共同团结奋斗，实现各民族的共同繁荣发展，全面建设小康社会的目标才能实现。

（六）胡锦涛关于培养选拔少数民族干部的理论

以胡锦持为总书记的中央领导集体根据新世纪新阶段的新形势新任务，

---

① 《中央民族工作会议精神学习辅导》读本，民族出版社2005年版，第33－34页。

明确指出：培养选拔少数民族干部是解决民族问题、做好民族工作的关键，是事关长远、事关根本的大事；要努力造就一批宏大的德才兼备的少数民族干部队伍。这一观点深刻阐明了加强少数民族干部建设的重要性，对于加快少数民族和民族地区经济社会发展、推进我国民族团结进步事业、维护祖国统一和社会稳定，具有决定性的意义。

五、中国梦语境下的民族理论创新

党的十八以后，以习近平为总书记的党中央，"实干兴邦"的态度，真抓实干，正把我国改革开放的事业推向一个更高的境界。尤其是党的十届三中全会的召开，让我们看到了一个崭新的实现中华民族伟大复兴的中国梦的前景。

习近平的民族思想，是在中国梦语境下的民族理论的创新。习近平在参观"复兴之路"展览时，提出了实现中华民族伟大复兴的中国梦，之后，他在十二届全国人大一次会议上的讲话中系统阐发了这个思想，在出访俄罗斯、非洲国家和出席亚洲博鳌论坛等讲话中又进一步作了论述。

"中国梦"就是中华民族的"民族梦"，这个语境里面的"民族"有着丰富的内涵。首先，中华民族可以是中华人民共和国境内的所有民族以及海外华人的统称；其次，是指在中国共产党领导下的中国大陆各族人民的统称。这跟前几代领导人都把中华民族理解为一个多元统一的整体是一致的。

中国梦是国家的梦，是民族的梦，也应该是融入了这个民族大家庭的每一个中国人的梦。这是一种全新的民族思想境界，在这样的语境下谈民族发展及民族问题的理论是一种高屋建瓴的态势。

党的十八届三中全会通过的《中共中央关于全面深化改革若干重大问题的决定》，是习近平作为文件起草的组长，字斟句酌，在广泛征求意见的基础上写出来的。这个《决定》提出要"贯彻党的民族政策，保障少数民族合法权益，巩固和发展平等团结互助和谐的社会主义民族关系"。这正是中国梦语境下，对我国当代民族工作的重要指导方针。

习近平的民族思想，其实可以追溯到十多年前去看。从他在福建省副书记及省长的任上，就有了一些关于民族理论及民族工作方面的思考和工作实践。

习近平的民族思想，可以从这样几个方面来看。

（一）高度重视民族工作

早在1997年，习近平任福建省委副书记的时候，长期以来对少数民族同胞有着深厚的感情，对民族工作格外关注、非常重视。

福建省是少数民族散杂居地区，民族工作容易受到忽视。时任福建省长的习近平说，确实有一些同志对民族工作认识不足，总觉得民族工作可有可无、无足轻重，不是硬任务、急任务，或者认为至少在福建不重要。这种看法是错误的！一个重要任务的构成是就全局而言的。福建的少数民族人口比重不是很大，但是同样重要，同样关乎全局。民族宗教无小事，牵一发动全身，更何况福建的民族工作有其特殊性！①

福建的民族工作有些什么特殊性？习近平了然于心，一一道来：在全国，福建的畲族人口最多，相对集中；福建的回族通过海上丝绸之路进来，成为中国回民族的发祥地之一；福建是大陆高山族人口最多的省份；福建世居的少数民族中有大量的海外宗亲——这一切特性都决定了福建的民族工作有自己的特色。

习近平说：我认为，要做好散杂居地区的民族工作，最重要的一点，就是不论在哪个地区，都必须把民族宗教工作作为各级党委、政府一项重要工作常抓不懈。一时一刻的松懈，都有可能给党的事业带来损失。这方面的教训是很多的。同时，要根据不同地区、不同时期的具体情况，深入进行调查研究，制定相应的政策和措施，掌握新情况，解决新问题。在机构改革过程中，要进一步规范并理顺县（市、区）级民族宗教工作机构，民族宗教工作重点地区应单独、统一设立民族宗教局，非重点的县（市、区）也应保证在政府序列有机构、有人负责这项工作。②

根据福建少数民族的特点，在习近平同志的组织下，省委省政府在那几年加大民族工作的力度，采取了一系列有力的举措。据习近平介绍："1994年4月，省委省政府出台了《关于加强民族工作的若干意见》；在机构改革中将民委升格为正厅级的政府成员单位，倡导民族团结进步活动；各部门通力合作，帮助少数民族加快脱贫致富步伐；大力培养少数民族干部，在少数民族千人以上的乡、万人以上的县的党政班子中配备民族干部等等。"③

（二）重视民族发展问题，工作落到实处

十五大召开后，福建掀起了"新一轮创业"的热潮，民族工作怎么办？时任省委副书记的习近平同志说："我们必须全盘考虑少数民族的发展问题，

---

①② 闵新索：《听习近平省长谈民族工作》，《中国民族》2002（2）。

③ 李小林等：《八闽大地"民族风"——访中共福建省委副书记习近平》，《民族团结》1998（1）。

在新一轮创业中,再创民族团结进步事业新的辉煌。"他还告诉记者,针对少数民族的新情况、新特点,今后福建省民族工作着重按照"教育为先,科技为要,经济为重,小康为实,干部为本"的工作思路,把工作的重点放在民族乡,覆盖到民族村,突出发展经济,提高生活水平,同时,做到两手抓,开好两个窗口。"两手抓",即一手抓农村的民族工作,一手抓城市民族工作。"两个窗口",即宁德的畲族窗口和泉州的回族窗口。宁德的畲族窗口,主要开展民族风情旅游,弘扬畲族文化,带动民族地区的全面发展;泉州的回族窗口,计划在泉州后渚港的白崎回族乡和晋江陈埭镇,逐步建起一个具有浓厚的阿拉伯或中亚伊斯兰建筑风格的集镇,成为泉州新的观光游览区。最后,习近平副书记满怀信心地道出了全省3200万人民的共同心声:"努力把福建建设成为中华民族团结进步的窗口。"①

习近平在福建当省长的时候说过一句话:"脱贫工作是少数民族地区的一项重要工作。"所以,福建省少数民族的脱贫工作是他尤为关切的一项工作。他说,少数民族只有首先摆脱贫困,才能谈到发展进步。后来,他还说到:脱贫是发展的基础,脱贫不是目的,只有发展致富才能彻底摆脱贫困。

(三)走群众路线,为少数民族群众办实事

习近平当上总书记后,提出了走群众路线的举措,这样的工作作风,实际上是早年还在基层主政的时候就具备了的,对民族事务也是如此。

时任福建省委副书记的习近平待人亲切随和,对全省民族工作情况了如指掌,娓娓而谈。他说:"我省少数民族发展有几大特点:一是少数民族和汉族的经济形成了不可分割的整体;二是市场经济激活了少数民族经济,以晋江市陈埭镇7个回族社区为代表的泉州湾,由于股份制大行其道而成为全省乡镇企业发展最活跃的地区之一;三是还有一部分少数民族乡村经济发展滞后;四是许多少数民族充分利用与港、澳、东南亚等地区具有的特殊地缘、血缘关系,开始发展外向型经济。

习近平曾在福建最贫穷的北部山区宁德主政,那是一个畲族等少数民族聚居的地区,他以深入基层、体察民情、大办实事而获得广泛好评。调到省委后,作为分管民族工作的副书记,他更是倾心尽力。②

正因为省委省政府的高度重视,全省民族工作取得了巨大成绩。全省17个民族乡中,已有14个亿元乡。习近平特别介绍了省委省政府办实事的"造

---

①②李小林等:《八闽大地"民族风"——访中共福建省委副书记习近平》,《民族团结》1998(1)。

福工程"。福建全省在"八七扶贫攻坚计划"中要解决80万人的贫困问题，其中10万人居住在缺乏生存条件的边远山区，必须移民搞异地开发。这项工程最早在少数民族聚居最多的宁德地区实施。通4年努力，全省共搬迁少数民族2 000户。①

1997年，省委省政府又把解决宁德地区部分少数民族住茅草房的问题列入办实事项目，年内就有700余户从茅草房搬进新居。不仅是搬出茅草房，全省少数民族乡村的面貌也得到了根本性的改变：通电率达到100%，通车率达到75%，有20万以上畲族群众饮上了清洁水。城市民族工作是当时福建民族工作的另一个重点。习近平认为在这方面福建的经验是抓小事、抓倾向，为外地来经商、打工和学习的少数民族提供服务，为本地少数民族解决好生活中的具体困难。②

（四）习近平民族思想的创新基础

从这些有限的资料中，我们已经可以看出习近平同志的民族思想的丰富性和创新性。

习近平同志的民族思想创新，除了前面重点介绍的几点外，还有许多重要的民族理论思想需要我们去体会。大致说来，值得我们去进一步认识和体会还有如下一些内容：

第一，加强少数民族工作的法治建设，把民族工作纳入法制化的轨道；

第二，抓紧、抓好、抓落实少数民族地区的对口帮扶工作，以此带动其他各方面的民族工作；

第三，发展民族教育，从根本上提高少数民族人口的素质；

第四，继续做好选拔和培养少数民族干部的工作；

第五，做好城市的少数民族工作，促进民族地区加快发展；

第六，做好海外侨胞与内地少数民族的工作，为祖国统一大业发挥特殊作用。③

---

①②③ 李小林等：《八闽大地"民族风"——访中共福建省委副书记习近平》，《民族团结》1998（1）。

下篇　实践篇

第一章 贵州红色资源中的民族团结

贵州跟中国共产党的革命精神有着深厚的渊源。贵州的红色文化资源非常丰富,其中,有许多内容涉及到民族团结方面。当年中央红军及红二、六军团在贵州绝大部分地区都留下了红色足迹,包括许多可歌可泣的感人故事。在当代中国特色社会主义市场经济条件下,深入挖掘和开发贵州红色文化资源,尤其是关于民族团结方面的资源,充分发挥其教育方面的功能价值,对于加强西部高校民族团结教育,构建社会主义和谐社会具有非常重要的现实意义。

第一节 红军在贵州期间的民族政策及主张

1934年红军长征经过贵州时,贵州的人口只有一千多万,其中四分之一是少数民族。红军走过的地方,大多数是少数民族地区。如何处理好与少数民族的关系,显得尤为重要。中央红军及红二、六军团都非常重视这一问题。中国共产党在民族关系问题上,一直主张民族平等团结,消除民族隔阂。红军长征经过贵州期间,党领导下的工农红军,也在民族平等团结和消除民族隔阂方面做了大量的工作,写下了许多宝贵的民族团结篇章,形成了丰富的红色文化资源。

一、红军长征前贵州各民族的生活概况

近代贵州,总的来说还是半殖民地半封建的社会状况,外国传教士几乎遍布全省,在一些偏僻的农村少数民族地区也有出现,比如贵州威宁县境内靠近云南昭通的石门坎,就有英国传教士柏格里[①]。在外国宗教文化输入的同时,外国经济的渗透也很严重,据文史记载,外国资本对贵州经济入侵的活

---

① 参见东人达译《柏格里日记》,贵州省毕节地区民族事务委员会编,1991年8月出版。

动路线分为三条:"以贵阳为中心,湖南路线主要是日本货的通道;广西路线主要是美国资助通道;云南路线主要是法国货的通道"。"由广东经广西输入贵州的英国货为最多"。① 辛亥革命后,贵州很快就进入了军阀统治时期。"在1912年至1935午的24年中,先后统治贵州的军阀有唐继尧、刘显世、王文华、袁祖铭、周西成、李小炎、毛光翔、王家烈等10多人。贵州成了滇、川、黔各路军阀争夺之地,经济处于混乱、衰弱之中,社会生产力发展非常缓慢。"②

总的来说,在红军长征前,贵州由于远离全国的政治中心,社会整体发展相对落后。那时的贵州少数民族人口众多,在全省一千多万人口中,少数民族人口占四成。由于历史与现实的原因,贵州的民族关系也很紧张。

当时鸦片种植产业是贵州军阀的主要经济支柱,对正常的农业生产破坏很大,挤压了粮食生产的空间,实际上是加剧了人民的贫困,造成的社会影响也很坏。

在工业生产和交通运输方面,当年的贵州只有很少的工业生产企业和极少的公路,而且从整体上来说,都是为军阀进行争战和实施政治统治服务的。公路的建设主要是周西成主黔的1926—1935年,贵州才有了一些大的发展。在周西成的政府里成立了贵州路政局,开始修筑公路,先修贵阳市街公路,同时派员踏勘和征派民夫,在古驿道的基础上,先后修通贵阳至桐梓、贵阳至黄果树、贵阳至广西六寨、贵阳至惠水、贵阳至毕节以及陆家桥至下司接清水江水运的公路。这些公路在沟通省内中心地带的商品物资交流和调集军力的同时,又有利于地方军阀防御外省军队入黔。当然,这是一种促进地区内部经济发展同维护地方军阀割踞相结合的低标准公路建设。③

在矿产开采方面,那些年的贵州主要是以开采汞矿为主,英国、法国在铜仁地区建立了"英法水银公司",后来又有别的外国公司投资汞矿。

外国资本在向贵州抢购紧俏的原料矿产之外,还向贵州倾销商品,主要是棉纱和棉布。1934年至1936年间,仅贵阳、安顺和遵义三个市场,年均输入商品价值总额约2 000万银元,其中来自外国的洋货占70%,从国内四川等省份输入的主要是盐、食糖等商品,约占商品总输入的30%。

这一时期,贵州向外面输出的主要商品是桐油、牛皮、猪鬃、五倍子等中药材、白木耳等山货、生丝等工业原料和土特产品。这些输出的商品中,

---

① 王培志等:《贵州经济发展概要》,中国计划出版社1989年版,第8页。
② 同上,第9页。
③ 同上,第10页。

有62%输送到了外国。省外客商一般是运进"洋货"到贵州销售，买进和运出鸦片、工业原料和土特产品。贵州当时输入超过输出的差额，主要靠白银外流和外销鸦片来平衡。外国资本向贵州倾销商品和抢购原料，促进了军阀统治时期贵州自然经济结构初步解体。20世纪30年代，贵州纺纱织布的农户比1860年左右约减少50%，城镇中一些纺织手工业者开始购进洋纱，织成土布染色后在当地销售，发展成为纺织手工作坊。一些出口商品，依赖国外市场需求增减而增减，汞的产量变化表现尤其明显。

红军长征前的贵州，货币发行混乱，银钱纸币同时流通，这给老百姓的生活带来很大的灾难。由于军阀混战，贵州主政者不断更换，不同的军阀各自发行不同的货币，大量的地方货币带进带出，使贵州的货币发行和流通极不统一和稳定，有许多货币最终都变成了废纸。①

政治与经济方面的混乱局面加上大汉族主义的泛滥，给民族关系带来的都是巨大的负面影响。历史上的民族间纠纷甚至战争和统治者的镇压，使当地少数民族人民生活贫困，负担沉重，与汉族当政者之间矛盾较深。特别是民国初期，在贵州民族地区，形成了军阀、地主、土匪三位一体的政治局面，以致兵灾、匪祸、内战接连不断，当地的各族人民深受其害。据记载，"公元一九二五年，滇川军阀部队约十万人，经过黎平、榕江、从江等侗族聚居地区，大肆抢掠粮食财物，拉夫派款，加上连续两年大旱，从而造成'乙丑'（1925年）、'丙寅'（1926年）的空前饥荒。三江程阳粮价上涨七倍，黎平粮价上涨九倍，人们只有吃蕨根、野菜度日，侗、苗、汉各族人民饿死者无以数计，侗族聚居的村寨，有的全寨死绝。黎平县东南部的洪州一带，数十里已荒无人烟"②

另外，当时贵州境内也受西南各省大汉族主义的影响，强迫同化现象在各级政府及民间时有发生，严重地加深了汉族与各少数民族的对立情绪，恶化了少数民族群众的社会生存环境。

二、红军长征时期与民族团结有关的标语口号

根据贵州少数民族人口众多的特殊情况，党和红军积极主动调整政策，应当时的形势和斗争需要，积极制定并通过各种形式大力宣传党的民族政策。

---

① 《贵州经济发展概要》，中国计划出版社1989年版，第10页。
② 贵州民族研究所：《贵州的少数民族》，贵州人民出版社1980年版，第65-66页。

其中，标语口号的宣传就发挥了很大的作用。

（一）标语

标语是一种简洁有效的宣传手段，当时红军在贵州各地宣传民族平等政策的标语有如下一些：

①"政治上、经济上苗人、侗人与汉人有同样的权利！"（锦屏）；

②"反对国民党压迫与屠杀苗、瑶等弱小民族！"（赤水唐朝坝、习水土城）；

③"反对王家烈、犹国材对苗人的一切苛捐杂税！"（台江平兆场）；

③"打倒压迫苗民的国民党军阀王家烈！"（台江平兆场）；

⑤"只有苏维埃才能解除苗族痛苦！"（黄平谷陇）；

⑥"红军是推翻国民党军阀统治的唯一武装力量，欢迎苗族兄弟加入红军！"（台江平兆场）；

⑦"苗人下山来与汉族人民共同打倒帝国主义国民党军阀！"（锦屏）……①

⑧"红军是苗瑶的军队"（台江）②

⑨"回族工农不要登山受冻受饿回家来！"

⑩"苗瑶民族要饭吃、要衣穿，只有联合起来打倒压迫和剥削你们的国民党军阀王家烈！"（长顺）③

（二）口号

标语往往是跟口号结合在一起的，口号是标语的内容，标语是口号的形式之一，所以，也有许多只是喊出来进行宣传的口号。在红军长征经过贵州时期，关于对苗瑶民的口号是比较有代表性的。下面就是中央红军1934年11月29日发布的"对苗瑶民的口号"。

① 实行民族平等，在经济上、政治上苗人与汉人有同样地权利！

② 实行民族自决，苗民的一切事情由苗人自己解决！

③ 苗民的首领由苗人自己选举，不要国民党军阀委派！

④ 苗人下山来与汉族工农共同□□□□□地财产！

⑤ 帝国主义、国民党军阀、财富佬是汉族工农与苗族共同的敌人！

---

① 参见裴恒涛：《红军长征与近代贵州民族关系的变迁》，《广西民族研究》2012年第4期。
② 参见《伟大转折从这里开始——黔东南红色文化概述》，《黔东南日报》2011年5月28日。
③ 参见《看红军标语 听红色故事——在长顺追寻红色记忆》，人民网2011年06月20日。

⑥苗族与汉族的工农起来共同扫平国民党军阀的统治!

⑦反对苗族汉族的对立,只有苗族与汉族的工农一体同心打倒共同的敌人,苗族才能得到彻底的解放!

⑧苗人自己武装起来,反对国民党军阀的压迫屠杀!

⑨收缴国民党军队及民团的枪械,组织苗族自己的红军!

⑩共产党是主张民族平等,民族自决,解放弱小民族的!只有实行共产党的主张,苗人才能得到解放!

⑪反抗李宗仁、白崇禧和何健对苗人(瑶人)的一切苛捐杂税和差役!

⑫红军是推翻国民党军阀统治的唯一武装力量,欢迎苗族兄弟加入红军!

⑬苗民要得到解放,不但要扫平军阀财富佬的统治,同时要肃清苗族内军阀财富的奸细!①

这些口号进一步贯彻了民族平等、民族团结和共同反对阶级压迫的思想。

经过中国共产党和红军的宣传,地处偏远大后方的广大贵州民众,认识到了中日民族矛盾的尖锐,开始拥护中国共产党的抗日主张,并大量地加入到红军的行列中,中华民族的认同感增强。同时,鉴于贵州是个多民族聚居的省份,红军根据形势的变化,在马克思主义民族理论的指导下,采取民族团结的政策,充分尊重贵州各少数民族的政治权利、经济利益及风俗习惯,使贵州民众特别是少数民族进一步理解了党的民族政策,并在实践中支持党的民族政策。这不仅对改善贵州各民族的关系,促进贵州各少数民族对中华民族的认同起到了重要作用,也为解放后在贵州开展大规模的民族识别,确定民族成分,建立民族区域自治机关,进一步贯彻落实党的民族政策,促进贵州各民族政治经济文化的发展提供了实践经验。②

三、中国共产党在长征时期的民族政策

1934年红军长征进入贵州少数民族地区后,党和红军在这一时期发布了许多关于民族工作的文件。这些文件以《指示》《决议》《批示》《布告》等形式发布,在宣传党的民族主张与政策、促进民族平等与团结、消除民族隔阂各方面起到了良好的效果。从今天的眼光看来,这也是极为宝贵的红色文化资源。

---

① 中央统战部:《民族问题文献汇编》,中共中央党校出版社1991年版,第246页。
② 参见裴恒涛:《红军长征与近代贵州民族关系的变迁》,《广西民族研究》2012年第4期。

(一)黔东特区第一次工农兵代表会议决议案——"关于苗族问题决议"

这个文件旨在说明黔东特区工农兵代表大会完全接受中华苏维埃共和国宪法大纲第十四条关于少数民族的态度,特别反对国民党军阀白崇禧、王家烈、陈渠珍等对苗族群众的屠杀。因此,决定全力帮助居住在贵州、湖南、四川境内的苗族争取得到解放与自由。代表会议宣布执行以下的政治纲领。

① 联合苗族及反对帝国主义、国民党军阀、土司的压迫。
② 帮助苗族建立苏维埃制度的自治区域。
③ 帮助苗族建立苗族工农红军。
④ 帮助苗族的农民完全得到土地。没收一切地主豪绅的土地由贫农中农平均分配。
⑤ 用苗族自己的语言文字,发展苗族的文化。
⑥ 取消一切苛捐杂税。
⑦ 建立苗族与汉族的工农群众亲密的联合,消除一切民族的界限和嫌隙。
⑧ 居住在苏区的苗族工农群众,完全享有苏维埃公民的一切权利。①

这是党和红军在贵州最早颁布的关于民族问题的文件,其内容涵盖了民族团结、民族平等、民族区域自治等解决国内民族问题的重大原则,为以后党和红军在贵州乃至全国制定符合中国国情的民族政策提供了基础。②

(二)"中国工农红军政治部关于苗瑶民族中工作的指示"

这是1934年11月29日,中国工农红军政治部发布的一个文件。这个指示作了如下规定。

① 瑶族、苗族等是散布在广西、贵州、湖南西部、云南等省的弱小民族,总的人口不下千万,他们历来就受到汉族的军阀、官僚、地主、商人、财富佬的残酷压迫与剥削。
② 我们对瑶民(或苗民)的基本主张,是反对一切汉族的压迫与剥削,汉民与瑶民实现民族平等。这一基本主张要求各级政治部必须依照各地不同的环境与不同的情况,加以具体化和通俗化。
③ 在一切的工作中,必须不疲倦地解释汉族的劳苦群众,同样受着帝国主义与中国国民党军阀、官僚、豪绅、地主、资本家的压迫,瑶民民族的敌

---

① 参见中共中央统战部:《民族问题文献汇编》,第243页。
② 参见裴恒涛:《红军长征与近代贵州民族关系的变迁》,《广西民族研究》2012年第4期。

人，即是中国劳苦民众的敌人，瑶民与中国劳苦民众是兄弟，所以联合起来协力同心为推翻帝国主义国民党而奋斗。只有推翻帝国主义国民党在全中国的统治，瑶民等民族才能得到彻底的解放。

④苏维埃与红军，不但是汉族民众的政权与武装力量，而且也是中国所有被压迫民族的民众的政权与武装力量。在苏维埃与红军中间，已经有着许多弱小民族的代表参加。我们欢迎瑶民同志大批地到我们苏维埃政府中来，到红军中来，为着瑶民民族的彻底解放而斗争。

⑤在瑶民中间共产主义的宣传是必要的，共产党在瑶民中间应该不断地吸收最觉悟的与先进分子加入共产党，在瑶民中发展共产党的组织，并且在一切实际斗争中，以共产主义的教育，教育所有的瑶民群众，指出只有共产主义才能使瑶民的民众得到最后的解放。

该文件在"关于苗族问题决议"的基础上，更加完善，通过对贵州等地苗瑶历史地理分布状况及内部社会分化状况的分析，重点指出要在少数民族中采取灵活的工作方式，采取上层统一战线的方式，团结瑶民各个阶层，实现自身解放的目标。这是党和红军结合当时的历史环境，在政治方针上的重要完善，为党和红军在此之后的长征过程中，团结各少数民族上层，以最大限度地争取沿途各少数民族群众的支持，顺利完成长征创造了条件。同时，长征中，党和红军在少数民族中采取的统一战线方式，也为后来特别是新中国成立后，解决地方民族问题提供了历史经验。

(三)"关于创立川黔边新根据地工作的训令"

这是1934年12月21日发布的一个文件，涉及民族问题的有下列款项。

加强纪律检查队与收容队工作，继续在部队中进行严肃纪律的动员，更加改革与居民关系，严厉的向一切破坏纪律、侵害群众利益的行为作坚决的斗争。明确的执行本部对苗、瑶少数民族的指示。……①这是中央红军进入贵州后，针对建立川黔边根据地的设想，对工作的具体部署，根据当地多民族杂居的实际，进一步强调民族工作和民族问题的重要性，因为在苗、瑶等少数民族众多的川黔边地区建立革命根据地，不仅要克服国民党及其军事力量的围剿，而且还要应对历史上长期以来大汉族主义在当地造成的民族隔阂问题。如果不注重实际的民族工作，党和红军就无法在当地立足。②

---

① 中央统战部：《民族问题文献汇编》，第247－248页。
② 裴恒涛：《红军长征与近代贵州民族关系的变迁》，《广西民族研究》2012年第4期。

（四）"中国工农红军总政治部关于沿途注意与苗民关系加强纪律检查的指示"

这是1934年12月24日发布的指示，指出红军经过之地地瘠民贫，苗民甚多，要求各军团政治部主任向战士详细解释，严格督促。

① 传达与执行本部对苗民指示，不打苗民土豪，不杀苗民有信仰的甲长乡长。

② 山田牛少，居民视牛如命，绝不应杀牛，土豪牛要发给群众，严厉处罚乱杀牛者。

③ 加强纪律检查队、收容队工作，在宿营地分段检查纪律。开展斗争，立即克服一切侵害群众、脱离群众行为。[①]

这是党和中央红军进入黔东南时，根据当地的民族关系状况，采取的一些具体工作方法，其中最重要的一点，就是要尊重苗民的生活、信仰习惯，在苗民中既要推行党的群众路线，保护广大底层苗民群众的利益。

党和红军在贵州期间颁布的关于民族问题的文件是相当密集的，反映了面临贵州这样一个少数民族众多的环境，党和红军更加务实，对民族问题重要性的认识一步步深化，重视程度不断提高。红军长征经过贵州期间颁布的这些关于党处理民族问题的政策与策略，由于当时中共对中国民族问题的解决只是出于探索阶段，军事斗争在当时仍是党和红军最为核心与紧迫的问题，因而某些关于民族问题的政策或者策略仍有不成熟的地方，这些政策说明，在当时的历史条件下，中共在吸收马克思、恩格斯、列宁、斯大林关于民族问题的理论与实践方面仍缺乏理论突破的勇气，主要还是对中国历史上长期形成的"你中有我，我中有你"的统一多民族国家的格局状况缺乏深刻的认识。

当然，通过红军长征在贵州时期的民族政策方面的文件档案亦可说明，中国共产党及其领导的工农红军，在转战民族聚居地区贵州的过程中，关于中国民族问题的认识进一步深刻，政策与策略趋于实际与具体，如关于民族平等、民族团结的各项具体主张、建立民族自治区域、尊重各民族的语言文字和风俗信仰等，这为以后党的民族理论与民族政策的成熟与完善奠定了基础，这也是贵州民族关系发展史上的重要变革。基于红军长征在贵州等民族地区的一系列政策基础和历史经验，党的民族政策很快成熟与完善起来。红军长征到陕北后，党总结了建党初期特别是红军长征时期党的民族工作的经

---

① 中央统战部：《民族问题文献汇编》，第249页。

验教训，把马列主义关于民族问题的原理同中国民族问题的实际相结合，提出了新时期的民族政策。

第二节 红军长征对贵州少数民族风俗民情的尊重

尊重少数民族的风俗习惯和语言文字，实行宗教信仰自由，这是我党民族理论与政策纲领中的基本内容。我们党历来重视这方面的问题，但是，在长征以前，主要是在理论上和纲领中对这方面的政策进行相关论述，红军长征进入贵州后，在与广大少数民族的接触中，才更加看到了尊重少数民族风俗习惯和语言文字及实行宗教信仰自由方面的政策与实践的重要性，高度重视了这方面工作在实现民族平等和民族团结中的重要作用，并展开了大量积极的工作。正是在这一时期，我们党关于尊重少数民族风俗习惯、语言文字及实际宗教信仰自由方面的政策开始形成并逐步完善。

长征时期，党和红军与少数民族接触最为广泛、深入，充分认识到了民族风俗习惯、语言文字和宗教信仰自由等对少数民族同胞生活和心理的影响，深刻认识到尊重各民族的风俗习惯、语言文字和宗教信仰自由等对于搞好民族关系的重大意义。严格说来，红军离开根据地开始进行长征的时候，民族问题并不是很突出而迫切需要处理的事情，可是，长征一进入贵州，民族问题就突出出来了。所以说，红军长征在贵州的时候，政策方面的一个突出内容首先就是处理好与贵州各少数民族之间的关系问题。在正确处理与各少数民族关系的时候，尊重各少数民族的风俗习惯、语言文字和宗教信仰自由等就是很重要的内容。从红二、六军团到中央红军，途经贵州的每一个少数民族地区，都高度重视和尊重少数民族风俗习惯、语言文字和宗教信仰自由等方面，得到了他们的理解和支持，促进了民族平等和民族团结。

一、尊重各民族的风俗民情是党的民族政策的重要内容

民族风俗、语言文字和宗教信仰自由等方面的政策一直是我们党的民族政策的重要组成部分。反对民族压迫和民族歧视，实现民族平等和民族团结，是我们党民族政策的实质和根本，它具体体现为民族之间相互尊重、相互接纳和相互包容，直接表现为对各民族风俗习惯、语言文字和宗教信仰自由等的接纳和尊重。

民族风俗习惯是指一个民族的传统风尚、礼节、习性等，是特定社会文

化区域内人们历代相传、长期形成并共同遵守的行为模式或规范,集中凝结着这一民族的历史传统和思想文化,反映了他们的心理倾向及生活方式,对于稳定、约束和凝聚民族群体具有决定性作用。

民族风俗习惯作为一种民族传统,往往跟各民族的语言文字等紧密联系。由于各民族生活环境的差异,语言文字方面的差异是很大的,红军长征时期所接触的贵州少数民族,语言各有特点,但是,一般没有文字,解放后,在党的民族政策的关怀下,有些少数民族已经有了新创制的文字。不管各民族的语言文字存在着多大的差异,党的民族政策都是同样重视和平等对待的。红军长征在贵州期间,对于各少数民族的语言是非常尊重的,为了便于开展工作,许多红军官兵都会说侗话、苗语、布衣族语言,这表现了红军与各少数民族军民一家亲的鱼水关系。

民族风俗习惯是一个民族的历史文化传统、生产生活方式及其内心情感体验的反映,是各民族之间相互区别的重要标志,也渗透着强烈的民族情感。正因为民族风俗习惯直接体现着民族差别和特征,它就被摆到了民族自我守护的第一线,是产生民族矛盾和摩擦的敏感区。在某些全民信教、宗教意识特别浓厚的民族中,宗教礼仪融入民族风俗,宗教习俗成为民族风俗,在一定意义上,民族风俗成了一个民族维系其生存的精神纽带。

各民族对本民族的风俗习惯都有着特殊的感情,所以,各少数民族的风俗习惯是否受到尊重,成为他们衡量和处理与其他民族关系的重要标杆。因此,在各民族的交往中,风俗习惯往往是引发民族摩擦的敏感因素。我们只有充分尊重民族风俗习惯,才能为该民族人民从心理和感情上所接纳和认同。

要真正实现民族平等和民族团结,必须从尊重民族风俗习惯、语言文字和宗教信仰自由等方面入手。因此,尊重少数民族风俗习惯等,也就成为党的民族政策的重要内容。我们党从成立时起就非常重视民族问题,党的二大就对我国少数民族地区的特殊情况进行了分析,并指出对事关少数民族生存、发展重大问题的选择权的尊重。其后,党的文件和党的领导人对少数民族的经济现状、历史传统、宗教言语、情感习俗等民族特点进行阐述时,均要求结合少数民族特点来开展党的宣传工作,不能脱离他们的语言风俗和文化传统。1931年11月,中华苏维埃第一次全国代表大会讨论通过了《关于中国境内少数民族问题的决议案》,提出了消除民族成见、反对民族歧视、发展民族语言文字、尊重民族宗教习俗等原则。

红军长征前,党的活动范围主要在汉族地区,遇到的民族问题比较少,面临的民族问题也不是那么迫切,关于民族政策及民族风俗问题还主要是从原则和纲领的层面上来讲的。但是,提倡民族平等、尊重民族风俗习惯、语言文字和宗教信仰自由等,是党一贯坚持的原则和态度。

二、党的民族风俗政策在红军长征到贵州时期逐步形成

红军长征开始后,党和红军与少数民族有了广泛而深入的接触,面对新的环境、新的情况,党和红军在经过少数民族地区时都派出工作队深入当地少数民族,全面调查和研究他们的社会历史、经济发展、生活方式和风俗习惯,在此基础上提出相应的措施与办法,并就有关民族风俗问题下发了一系列文件、指示、通知等,党的民族风俗政策逐渐形成。

红军长征接近贵州的时候,就及时发布了《关于瑶(瑶)苗民族中工作的原则指示》《关于对苗瑶(瑶)民的口号》等文件。这些文件都提到"汉族与瑶民的民族平等,给瑶民彻底的自决权","对于他们的统治方式、思想习惯及宗教仪式,应表示尊重",还要求杜绝一切不利于搞好与民族群众关系的行为。在了解到苗族禁止妇女与外来男子谈话的风俗后,红军即规定:不准与妇女谈话。① 时任红军总政治部代理主任的李富春还签发了《关于沿途注意与苗民关系加强纪律检查的指示》,专门就保护苗民生产所用的耕牛等方面作出了特别规定。红六军团进入贵州苗族、侗族聚居的清水河流域,任弼时政委亲自对干部战士进行民族政策宣讲,红军不住民房,不违禁忌,赢得苗、侗群众的信任。朱德同志在黎平时亲自向中央警卫团的干部战士作民族政策报告,特别强调尊重少数民族的风俗习惯,团结少数民族共同反对国民党反动派。

1935年1月15日至17日,遵义会议召开,结束了"左"倾教条主义路线在党内的统治,党对民族风俗等问题采取了更加实事求是的态度。1935年1月19日,总政治部发出《关于争取少数民族的指示》,指出要绝对遵从少数民族的宗教信仰和行为习惯,对于一些特别的习俗,如回民不吃猪肉等,要及时告知全军将士并予以尊重。

川滇黔边区革命根据地也曾规定,在反对大汉族主义的同时也要反对少数民族之间的互相歧视,要尊重民族风俗习惯和民族文化传统,实行民族平等。

红军长征时期,党和红军充分认识到,少数民族对汉人的猜忌和敌视是历史形成的,要消除民族隔阂,赢得他们的信赖和支持,必须首先尊重少数民族长期以来形成的风俗习惯,尽快在心理和感情上被接受。虽然民族风俗

---

① 金炳镐:《论党的民族风俗习惯政策的形成发展》,《黑龙江民族丛刊》1994年第1期。

习惯中的确存在着一些需要改革的"陋习",但已经根深蒂固,非一时能够改变。在红军艰苦转战过程中,没有时间和条件,也没有精力涉及这一问题。在这一时期,党的民族风俗习惯政策,从调查了解、制定策略、付诸实践,再不断地总结和完善,从"不伤害",到"尊重",再到"遵从",表明党对民族风俗习惯的认识不断深化。在这一过程中,党在民族风俗习惯、语言文字和宗教信仰自由等方面的政策逐步形成。

党和红军在贵州期间的民族政策及其实践,为红军长征进入别的省份开展工作奠定了良好的基础,为党的民族政策进一步发展作了铺垫。

三、贯彻党的民族风俗等方面政策的具体措施

对于一个特殊国情下的革命党来说,中国共产党不仅要有好的理论与好的政策纲领,还需要有贯彻这些好的政策纲领的具体措施。红军长征在贵州期间,在贯彻党的民族风俗习惯、语言文字和宗教信仰自由等方面,具体措施如下。

(一)以严格的纪律保证党的民族风俗等政策的贯彻执行

政策的严格执行和严明的部队纪律是党的民族风俗政策得以贯彻落实的保证,党和红军高度重视部队纪律和政策的执行力度。

1934年12月,红军总政治部发布了《关于我军沿途注意与苗民关系加强纪律检查的指示》,要求全体官兵坚决杜绝影响群众、侵犯群众和其他一切不利于民族团结的行为,还组织了纪律检查队进行专门检查。在《关于争取少数民族的指示》中,要求部队做到深入做好全体指战员的思想政治工作,提高觉悟,统一认识,严格政治纪律,消除大汉族主义轻视少数民族的偏见,在少数民族群众中绝对不能发生任何的骚扰行为[①]。

由于党的民族政策非常尊重少数民族的风俗习惯与宗教信仰自由,红军官兵在尊重各少数民族的风俗习惯和宗教信仰方面都很自觉,做得很好。红军长征在经过黔西南州期间,也特别注意党对少数民族的政策,尊重少数民族的风俗习惯。红军路过兴仁县回族聚居的三家寨时,在清真寺门前听到里面正在做"礼拜",就不进入。在兴仁县捉了回族地主马"老太爷",在征求了乡老的意见后将其释放了。在兴仁县粑粑铺,一个红军战士提着猪肉准

---

① 杨健吾,张晓红:《红军长征与中国共产党的民族风俗政策》,《西南民族大学学报》(人文社科版)2006年第10期。

备拿到张士成家去炒吃。经张士成的妻子说明是回族后,那个红军立即将猪肉提走。因而红军离开兴仁回民区时,丁洪清等回民怀着深情向"真主"祷告,祝福红军安宁。①

红军长征在贵州期间的民族政策实践措施,为以后在别的更特殊一些的省份开展工作提供了经验借鉴。

(二) 把民族风俗政策与尊重民族宗教信仰紧密结合起来

在红军转战贵州期间所经过的地区,少数民族普遍信仰宗教,如黔东土家族苗族仡佬族地区,普遍信仰巫傩鬼神。当时情况下,我们党和红军做了大量的思想政治工作。

1934年5月中旬,红三军四处张贴《中国工农红军的任务和纪律》宣传文告,宣示了红军的宗旨和党的政策以及红军的纪律。

在贵州少数民族地区,包括黔东北和黔东南等地,宗教活动是少数民族日常生活的一项重要内容,宗教规范和礼仪与民族风俗习惯在多个方面、多重关系上交织融合,成为民族风俗习惯的一部分。宗教融入民族习俗,民族习俗包含着宗教的因素,从一定意义上说,信仰宗教本身也是一种民族风俗。因此,采取什么样的宗教政策,不仅关系到对少数民族宗教信仰的尊重,同时也关系到对民族风俗习惯的尊重。

红三军团在黔东特区对宗教问题制定了一系列正确的政策规定,主张信教自由,"凡是信神的、不信神的,信教的、不信教的农民,均可加入农民协会";"教堂的粮食财产不没收";"和尚、道士、尼姑、斋公、基督教、天主教的牧师、神父等,本人是以宗教为职吃饭的不得分配土地,如果是以宗教为副,以耕田为主的","可以分配土地";宗教、神职人员的家属,"如果不靠上述职业为生,而是工人、雇农、贫农、中农,或是富农的,仍按照工人、雇农、贫农、中农,或富农的地位分配土地。"②

红三军团在黔东特区实行的宗教信仰自由、保护教堂和教民的政策,迅速消除了当地宗教界人士和信教群众的顾虑,使红军得到宗教界人士和信教群众的拥护和支持,一些传教士还发动教民参加苏维埃革命,并在加强教民和非教民的团结等方面都做了一些有益的工作。

长征中,党和红军始终坚持将保护少数民族的宗教信仰与尊重少数民族

---

① 参见黔西南州政协文史资料研究委员会:《黔西南州文史资料第4辑红军长征路过黔西南州》。
② 参见欧多恒,杨雪梅:《红三军团黔东特区统战政策的重要作用》,《贵州社会科学》1997年第3期。

风俗习惯问题密切结合起来，通过保护宗教信仰体现对民族风俗的尊重，通过尊重民族风俗习惯来维护宗教信仰自由。杨成武将军在其《忆长征》中就谈到，对寺庙里即使已经被毁坏的"泥塑"，红军战士也不能动用。对于回民，红军总政治部要求尊重教门风俗，禁止毁坏回民经典，不在清真寺附近大小便等。即使在激烈的战斗中，红军冒着伤亡的危险，也对少数民族的风俗习惯与宗教信仰给予保护。①

（三）把民族风俗政策与尊重民族语言文字紧密结合起来

民族语言文字是民族特性的重要体现，是民族文化的组成部分，从一定意义上说，民族语言文字也是民族习俗的一部分。我们党早在1931年的《中华苏维埃共和国国家根本法（宪法）大纲草案》中就规定，要帮助少数民族发展自己的民族语言。在长征途中，红军每到一个民族地区，都尽量采用民族语言书写标语口号、通知文告等，采取优惠通司（翻译）政策，把培养少数民族的骨干和翻译人员作为一项重要任务。同时尽可能地举办各种形式的培训班，编写常用双语对照表，努力帮助广大官兵学习和掌握少数民族语言，要求战士至少要学会几句日常用语。在条件具备的情况下，红军还采取把学习内容编成通俗的歌谣来唱的方式学习少数民族语言。当然，这方面的工作，红军长征在贵州期间才只是开始实践，但是，这种实践为党和红军在以后的征途中制定更加成熟有效的民族政策打下了扎实的基础。红军长征经过了十多个少数民族地区，少数民族语言错综复杂，有的民族内部还存在着不同方言，而红军任务繁重艰巨，停留时间短暂，这些都给红军学习少数民族语言带来了巨大障碍。长征途中，虽然大多数红军官兵没有能够学会少数民族语言文字，但红军战士认真学习民族语言文字的精神和态度，使党的民族政策深深地为广大少数民族群众所接受和理解。

（四）在争取和团结少数民族上层人士工作中充分尊重其民族风俗习惯

长征时期，我国少数民族有的社会分化还不十分明显，广大劳动人民的宗族意识在一定程度上超过了阶级意识，少数民族上层人士具有极高的权威与威信，具有很大的发言权和影响力，上层信教人士在信教群众心目中是神灵的使者，具有至高无上的权威。在一定程度上，少数民族风俗是由社会上层人士倡导和引领的，上层人士的行为举止集中体现了该民族的风俗习惯，对少数民族上层人士的尊重和争取，从某种意义上说就是对该民族风俗习惯、

---

① 莫曲波、颜永强：《论长征时期党的民族风俗政策》，《广西社会科学》2013年第4期。

生活方式的认同。尊重民族风俗习惯是做好少数民族上层统战工作的重要方面，而团结、争取和尊重少数民族上层人士，则是贯彻以民族平等、民族团结为宗旨的民族风俗政策的一个重要切入点。

对此，党和红军高度重视，采取各种形式积极开展此项工作。党和红军尊重民族风俗，积极开展少数民族上层人士统战工作，得到了他们的支持和帮助，使许多棘手的民族问题迎刃而解，为红军长征顺利通过民族地区创造了有利的条件。

长征时期，党和红军高度重视民族风俗问题，将其列入民族政策的重要内容中加以认真研究，并制定相关规定和措施加以贯彻落实，产生了积极的效果。这一时期，党和红军坚持民族平等、民族团结的原则，打破教条主义的束缚，遵循实事求是的思想路线，对各民族风俗习惯进行深入的调查，及时制定相应政策措施，并在实施过程中不断充实和完善，使各少数民族风俗习惯得到充分尊重，得到了各民族的理解和支持，顺利完成了战略大转移。通过这一时期的不断探索和积累，党的民族风俗政策逐步形成，为党的民族政策的进一步发展和完善提供了重要的支撑。

贵州是个多民族的省份，红军根据形势的变化，在马克思主义民族理论的指导下，采取民族团结的政策，充分尊重贵州各少数民族的政治权利、经济利益及风俗习惯，使贵州民众特别是少数民族进一步理解了党的民族政策，并在实践中支持党的民族政策。这不仅对改善贵州各民族的关系，促进贵州各少数民族对中华民族的认同起到了重要作用，也为解放后在贵州开展大规模的民族识别，确定民族成分，建立民族区域自治机关，进一步贯彻落实党的民族政策，促进贵州各民族政治经济文化的发展提供了实践经验。[1]

第三节 贵州红色资源中的民族团结佳话

红军长征总的时间一年多，在贵州所占时间最长。中央红军从1934年12月转兵贵州，到1935年4月底离开贵州，活动时间4个多月，占中央红军长征时间的三分之一；红二、红六军团1936年1月至4月在贵州转战，活动时间3个多月，占红二方面军长征时间的四分之一。中央红军和红二、六军团在贵州转战，革命足迹遍及50多个县，占目前全省88个市县区的70%。在这些不平凡的峥嵘岁月里，长征中的红军除了在与国民党军队周旋的过程中

---

[1] 参见裴恒涛：《红军长征与近代贵州民族关系的变迁》，《广西民族研究》2012年第4期。

创造了许多奇迹之外,还产生了许多民族团结的佳话,直到现在,仍然传播在贵州这片多彩的土地上。

一、红军对少数民族百姓秋毫无犯,买卖公平,深受爱戴

红军进入贵州,首先进入的就是侗族、苗族、土家族、布衣族等民族居住的地区。红军在这些地方,对于老百姓的财产秋毫无犯,买卖公平,至今流传着许多动人的故事。

(一)红军爱护人民,秋毫无犯

1. "猪食盆里出银元"的故事

这个故事正是红军纪律严明的写照。

台拱县革东乡,有一位苗族贫农张老乔,夫妻俩无儿女也无田地,平日靠卖柴草维持生计。他们省吃俭用喂了大小两条猪,由于听信了反动宣传,红军来时也跟着众人跑上山去躲藏。

有人从革东街去上到山里,对他说:"不好了,你家大猪已被红军拉去杀吃了。小猪也不见了。"

夫妻俩听后,捶胸叹气,泣不成声,他们想:这两条猪是自己的命根子,今后生活怎么办啊?

红军离开革东后,夫妻二人垂头丧气地回到自己家里。一进门,却看见那条小猪正在吃食,夫妻俩急忙走过去,发现猪食还是温热的,他们很诧异。

小猪把猪食吃完了,猪食盆里现出了白花花的银元,他们捞出来一数,整整四十元。老夫妻俩欣喜若狂地笑着喊道:"猪食盆里出银元,真是盘古开天地以来都没有的事呀!"

原来这钱是红军给的,红军纪律严明,不拿群众一针一线,杀了猪要付钱,却找不到主人,托别人转交又怕不牢靠,只好放在猪食盆里。

这件事后,老夫妻俩激动地逢人便说:"红军是我们自己人哪!他们真正懂得我们的苦处啊!"①

2. 施洞古镇的故事

施洞是清水江畔的古镇,因地处河谷平坝,土地肥沃,物产丰富。由于江水平缓,这里还是著名的渡口和货物集散地。

中央红军长征时,由红一军团和红九军团组成的右路纵队,沿着清水江

---

① 参见黄自为,陈德提等:《遵义会议前后》,贵州人民出版社1984年版,第44-45页。

南岸西进，于1934年12月22日到达施洞。红军在这里虽然只有几天，但他们在这里受到苗汉人民的欢迎和支援，留下了许多故事。

施洞商业发达，沿江的石板街两旁，店铺、作坊鳞次栉比。红军进入施洞后，向百姓宣传保护工商业政策，加上纪律严明，公买公卖，镇上商家很快就开门交易。肖定科老人开了一个卖糯米饭、甜酒、花生的小店，红军见他是贫苦小商人，来这里买东西时，往往多给他一点钱，有的还拿衣服送他。

仅仅几天，他就卖得70多块大洋，还得了十几件衣服。陈霜英大妈开的卖粉条、水面的小店，也生意兴旺，前后几天便卖得大洋十几块。

不过，有个红军到一位苗族老奶奶开的粉店吃粉，吃后忘了付钱就走了。老奶奶以为他有意白吃她的粉，嘟嘟囔囔的，很不高兴。谁知过一会儿，那个红军跑回来，抱歉地对老奶奶说："对不起老人家，我忘了给钱了。"他边说边把钱补给了老奶奶……红军秋毫无犯的故事很快传了开来，附近的农民听说后，纷纷背上菜、肉、烟、粉条、粑粑等，到施洞卖给红军。

红军过施洞，还有一段认老乡的佳话：住在施洞塘坝的红军战士，晚上和寨里的苗胞摆家常，聊得十分亲热。红军战士对他们说，离开江西时，父老对他们讲："到了贵州，见穿半截草鞋的苗民，那就是从我们江西这里迁去的，对他们要像家里人一样才行。"苗胞听后，当即拿来草鞋，红军战士一看，连声说："对了，就是这种草鞋。"苗胞一听欢呼起来："老乡来了！"大家奔走相告，纷纷围住红军认老乡，打这以后，这里的苗胞见了红军都喊"老乡"。24日，苗族兄弟听说红军准备在施洞到方寨的三四里的河段上，架设三座浮桥过江时，都纷纷前来支援，他们有的划来自己的木船，有的扛来家里的木料、门板……船工张荡东等十多人，还跳进寒冷的河水里，与红军工兵一道搭架浮桥。在老百姓的支援下，只半天工夫，三座一百二十米长的浮桥搭成了。红军过桥时，附近苗民赶到桥头、河边，欢送红军。

红军右路纵队过了清水江，兵分两路，东路直指镇远，西路进军施秉。这时，张荡东等船工和许多苗民，还为红军带路。红军对待向导如亲人，使向导们深为感动，不少人就此参加了红军。

当然，有些向导因家里离不开而未参加红军。但他们回家后，赞不绝口地诉说红军的好处。陈霜英的丈夫回到家里，对大家说："红军真是我们穷人的队伍。给他们带路，招待得十分周到，每天都打酒炒肉给我吃。我离开时，红军见我穷，又送我10块大洋。"[①]

---

① 参见中共贵州省委宣传部编：《红绿辉映长征路：贵州纪行》，贵州人民出版社2006年版，第52－53页。

3. 红七军向导的故事

这个故事是红军长征之前的，可见贵州红色文化资源非常丰富。

为扩大革命影响，由军长张云逸、政委邓小平领导的，战斗在广西右江革命根据地的红七军，决定到黔桂边境开展游击战争。1930年4月，张云逸、李明瑞率领红七军一、二纵队3 000多人，由广西进入贵州荔波和从江月亮山区，在这一带行军和驻扎，留下许多革命足迹。从江县加牙村苗族向导的故事只是其中之一。

红七军进入贵州后，获悉黔军在榕江县城存有大量军需物资，且留守兵力不多。于是决定秘密通过月亮山，奔袭榕江城。

月亮山又称"大苗山"，这里是莽莽原始森林，野兽出没，人迹罕至，只有一些苗、瑶族的小寨子。红七军过路月亮山的消息传开后，那些不了解红军的苗、瑶族同胞，都钻进了山林躲避。

这天，经过长途跋涉，饥肠辘辘的红七军战士，好不容易来到了加牙村，在这里宿营，再进军榕江。加牙村是个小苗寨，只有20多户人家。红军进村后，见整个寨子找不到一个人，知道又是受了反动宣传，对红军产生了误解所致。于是，红军进寨后，组织那些懂苗语的战士向躲进山里的苗胞喊话："不要怕，我们是工农红军，是爱护苗族的军队……"同时，红军严格遵守纪律，丝毫不动苗胞家里的东西。

部队快要出发了。可是从这里去榕江，一路山高谷深，原始森林遮天蔽日，山中岔道不计其数，没有当地人带路，真是比登天还难。然而，到哪去找向导呢？部队首长犯愁了。

其实，打从红军进入加牙寨，躲在山上的苗民便在远远地观察红军的一举一动。当他们看见红军行军文明，寨子没灾没难时，也渐渐消除了恐惧心理。不过，还是没有人敢下山回家。后来，有个名叫潘务当的中年人，他出过几次门，胆子大，还会讲几句汉话，特别是听了红军的喊话后，决定回家看看。

潘务当一进寨，这可让红军喜出望外了。大家热情招呼他，给他端茶送水，有人还把随身带来的军粮也分给他一些。红军的热情友好，打消了他的疑虑。通过交谈，他晓得红军是真正为穷人的队伍。所以，当红军想请他带路时，便痛快地答应了。潘务当带着队伍走出山寨时，还不忘向躲在山上的乡亲高声喊话"红军是穷人的队伍，不要害怕"！潘务当给红军带完路后，红军送给他几块大洋作为酬谢。

由于有潘务当带路，红七军顺利地走出了月亮山，为这次战斗赢得了宝贵的时间——当红七军兵临城下时，守敌做梦也没有想到红军竟能经过月亮山来到榕江！①

二、打土豪分田地，改善贵州少数民族的生活状况，深得各族人民的拥护

红军是代表穷苦人民利益的军队。贵州不只是汉族，更包括众多的少数民族同胞。红军每到一处，带给少数民族同胞的不是兵祸，而是秋毫无犯，是惩处土豪劣绅，让穷苦人民扬眉吐气。

（一）惩恶扬善的故事

红军在黔东南地区，每进占一座县城，就立即惩办贪官恶霸、土豪劣绅，开仓济贫，分发浮财。

① 在剑河，红军于伪县府门前广场上召开了三百多人的群众大会，把打土豪得来的大批粮食、五十多床被子、八十多匹棉布，以及许多家具、日常用品，当场分给群众。

② 红军进占瓮安县城时，已是十二月底，新年快到了，他们把打土豪得的米、盐、衣服、猪羊鸡鸭都发给穷人，并召开了群众大会，朱德总司令首先讲话。他用一口四川话说："今天是我们过年的日子，欢迎大家来喝酒看戏，大家领了东西，可以过个快活年。将来等红军把反动派军队消灭，把土豪劣纠铲除干净后，还要分田地、房屋给穷苦百姓。"晚上部队举行同乐晚会，备了酒菜请邻近群众来联欢。老乡们个个喜笑颜开地穿上所分得的衣服，来参加红军的宴会。乡亲们达吃边痛斥土豪们对穷人的压迫剥削，都感激地说："红军真是工农自己的军队呀！"这是各族人民从心里迸发出来的赞颂。②

（二）分盐的故事

红军长征在贵州期间，没收豪绅盐庄，分给百姓食盐，成为一项重要的惠民之举。

王首道在《长征中九军团支队的断片》的回忆文章中，记载了红军在瓢儿井分给百姓食盐的情况：

> 次日天明，没收反动首领盐庄，一小时之内，号召了一千多人分盐，如山如海的干人儿争着要盐，闹得非常热闹。附近许多苗人也来要盐。

---

① 《红绿辉映长征路　贵州纪行》，贵州人民出版社 2006 年版，第 66 页。
② 《遵义会议前后》，贵州人民出版社 1984 年版，第 44 页。

往来背盐的人好像蚂蚁一样忙个不了。①

（三）打富济贫　铲高填平

据《黔西南州文史资料》记载"打富济贫"是中央红军长征过黔西南州时进行的一项铭刻群众心坎的政治活动。

红军在望谟县的坎边寨打开了富豪王由贤家的粮仓，把稻谷一箩一箩地送到贫苦农民家里。在班家屯，红军捉拿了罪恶累累的班辉堂，分了他家浮财并枪毙了他。在贞丰县红军在白层镇压了恶霸"赵四奶"；在县城召开了群众大会，分了富绅罗士谟的浮财。在安龙北乡（今龙山）等地，把大恶霸地主蒋德安等的肥猪、钱、粮等浮财分给了广大农民群众。红一军团二师在安龙城内的东岳庙召开声势浩大的打富济贫宣教会，将查抄的大洋、大米、布匹、绸缎等分给了贫民。在册亨县坡坪（坡妹）区的央亚寨子，红军捉拿了国民党册亨县民众自卫队大队长易宗礼。在兴仁县的鲁础营街上，红军召开了打富济贫群众会。在普安县青山区的泥堡，红军把庙霸"二师爷"的粮仓打开，把粮食分给了贫苦农民。在兴义县的四棱碑，红军抓了土豪恶霸蔡光福，解押到云南黄泥河处决。类似的例子举不胜举。②

（四）"这样的好军队，自古以来少见"

这个标题是《播种之旅：红军长征与少数民族》中的，它记载了这样的事迹。

1934年12月19日，红军来到黎平县的地西村，在这里停留了7天7夜。这个侗族寨子第一次见到了红军，了解了红军的主张。

红军到地西村后，就把地主家的东西分给贫苦农民。穷苦人大多分得了一些生活物品，如吴冬庆得了40升谷子和8升大米，杨光志分得一个小铜锅和一床棉被等，郑祖兴则分得三四斤猪肉。

红军走时，杨光志、钟佩银、郭志看等人还给红军带路，直到剑河。③

三、军民鱼水情

红军长征在贵州期间，与贵州各族人民结下了鱼水深情，从黔东南开始，

---

① 《红军长征在贵州史料选辑》，《贵州社会科学》编辑部、贵州省博物馆1983年版，第199页。
② 《黔西南文史资料第4辑》，第3－4页。
③ 方素梅，周竞红：《播种之旅：红军长征与少数民族》，民族出版社2006年版，第34页。

在贵州各地的少数民族地区，尽管山岭重叠，峰回路转，却能迅速前进，不仅各兄弟民族自愿冒险为红军带路，还积极为红军运送军火、粮食，救护伤员，从各方面给以支援。

（一）红军与少数民族情谊深厚

贵州多山多谷，沟壑纵横，长征时期，各少数民族地区还有许许多多地方割据式的大小关卡，但是，红军与贵州各族人民在那个艰难困苦的环境下，结下了深厚的军民情谊，胜利地通过了一道又一道的关山险隘，取得了一次又一次的胜利，为长征的胜利打下了坚实的基础。

1. 清水江畔军民情

红军渡清水江时，当地各族人民群众冒着严寒，自告奋勇探测水深，架设浮桥，慷慨地拿出自己的船只、竹被、门板、木料等，只要红军需要的，总是有求必应。

渡过了清水江，红军筹集到大批军粮，但多是稻谷，不能直接食用。出于反动政府的造谣、欺骗，大户们把碾米用的大磨隐藏起来，许多水碾被土豪破坏。为了解决吃饭问题，红军指战员自己动手，用瓦片磨谷子，或用手搓。总政委周恩来虽然工作十分繁忙，也挤出宝贵的时间和战士们一起搓谷子。

各族农民看到这种情景，莫不为之感动，立即主动地组织起来，用石碓舂米，妇女们自带筛子、簸箕帮红军筛米，几天时间就为红军准备好了所需的粮食。

2. 安顺军民情

1935年4月，红军渡过乌江，佯攻贵阳，主力红军西进，进入安顺的少数民族地区。中央军委主席朱德、副主席王稼祥、政治部代主任李富春联名发布了《中国工农红军总政治部布告》，要求红军指战员和红军战士严格遵守党的民族政策，不得侵犯少数民族的利益，并与少数民族交朋友，借道长征。

红军经过布依族苗族聚居区时，坚持正确的民族政策，因而得到布依族苗族头人和群众的支持，顺利通过民族地区。陆瑞光的故事就是一个很好的事例（见本书有关章节）。此外，还有彝族头人王仲荣的故事，也是红军与少数民族亲如一家的动人事迹。

4月14日，中央红军右路纵队到达安顺镇宁县六马时，进入了彝族自然首领王仲荣的地盘。当地彝族老百姓不了解红军，纷纷向山上跑去。红军的向导向他们喊话，宣传红军的政策，这些彝族老百姓才回转来。

红军指战员向他们说明红军要过北盘江，向西向北上抗击日本侵略者的，彝族老百姓很受感动，有一个腰挎砍刀、头缠青布的彝族青年，热情地为红军带路，并告诉红军，那里到北盘江还要翻越两座高山，大约有70公里的路。

在当地彝族青年的带领下，红军部队加快了行军速度。爬上了一座高山，带路的彝族青年指着山下对红军说，从那儿到北盘江就都是王司令的地盘了。王司令手下的部队有几百条枪，贵州的军阀王家烈也奈何他不得。

红军的部队沿着一条狭窄的山路，小心地下山，先头部队刚走到一个彝族山寨门外，便听到了枪声和喊声，部队立刻停止了前进。

这座彝族山寨，正堵在两山间的夹道上，队伍要想到山那边必须经过寨。红军请向导喊话，寨子里就不打枪了，但是不让部队通过。为了争取得山寨彝族同胞的理解和帮助，红军派出政治处主任王平前去谈判。王平很会做工作，他对王司令说，红军只是借道六马西进北上抗日，不会占领六马他们的地盘，不会侵犯彝族人的利益。王司令他们被军阀王家烈的部队抢怕了，不了解红军，怕红军以借路为由收他们的枪，抢劫他们的财物。听了王平主任的解释后，他深受感动，放弃敌意。这时部队的指挥员张爱萍也来到王司令的面前，告诉他，红军是老百姓的部队，是毛主席和朱总司令领导的部队。经过谈判达成了红军过境的协议，王司令愉快地接受了红军通过他们地区的要求。红军留下几个干部住在寨中，准备迎接红军的大部队。红军赠给王仲荣10多支汉阳造步枪，他们也设宴款待红军，还将肉与大米回赠红军，与红军结下了友好之盟。王司令派他的副官为红军作向导，红军部队在月光下部静地经过寨门前的山路向北盘江前进。

由于红军部队有王司令副官的引导，一路毫无阻挡，前进的速度很快，经过一夜半天的急行军，中午时分赶到了北盘江边。①

3. 毛泽东送毛衣的故事

老一辈革命家陈云署名廉臣发表的《随军西行见闻录》在谈到红军长征进入贵州的情形时，有一些段落是这样写的。

当我等行经剑河县附近之某村落时，见路边有一老妇与一童子，身穿单衣，倒于路边，气息尚存。询之，始知为当地农家妇，秋收之后，所收获之谷米，尽交绅粮（地租），自己则终日乞食，因今日气候骤寒，

---

① 《红绿辉映长征路　贵州纪行》，第182-183页。

且晨起即未得食，故倒卧路旁。正询问间，赤军领袖毛泽东至，告以老妇所言。当时毛即时从身上脱下毛线衣一件及行李中取出布被单一条，授于老妇，并命人给以白米一斗。老妇则连连道谢含笑而去。①

（二）希望的歌谣

红军在黔东南地区播下了革命种子，给各族人民带来了希望。在清水江流域，流传着这样一首怀念红军的苗家山歌，情意深长，感人肺腑。

"一等一不来！
二等二不来！
好像天旱盼落雨，
盼望红军快回来！
从一个冬天又到一个冬天，
站在山头，爬上树巅，
伸长脖子，踮起脚尖，
朝朝暮暮望天边。
苦得很喽！
不得饭吃，不得衣穿！
我们想红军，
盼望红军早回转。"

在台拱县革东乡，人民也经常唱这样几首山歌：

第一首
红军红军，
苗家救星；
红军来了，
我们翻身。

第二首
穿起草鞋踏刺窝，
再苦些年月算什么，
等毛主席转来，
分田分地又分屋，
有吃有穿喜洋洋，
心焦难过做什么。

---

① 《陈云文选》第1卷，第56页。

第三首

从前哟，

共产党来到我们的家乡

斗大的字写在墙上：

"富人不要发狂，

穷人不要悲伤，

有朝一日天晴朗，

我们还要回到你们的地方。"

红军在黔东南各兄弟民族人民的积极支援和热情保护下，渡过了重重难关，战胜了敌人，奔向胜利的征途。①

（三）访老红军马崇德

红军长征，先后两次过黄平。在艰苦行军和激烈战斗中，有一些伤病员不能再随军转战了，便出部队就地安排治疗。当地百姓冒着生命危险，掩护和照料这些伤病员，使他们中许多人闯过了严酷岁月，迎来了共和国的诞生。对马崇德老人的访问材料是一个很好的历史证明。

听说黄飘乡屯上村的马崇德，是如今健在的长征老红军，便和邬荣军一道登门拜访他。

马老今年91岁高龄，但身体硬朗，耳聪目明，精神矍铄。我们在他家庭院摆上几个张板凳，聊了起来。

马老是广西人，回族。他参加红军后，1934年12月长征来到黄平。在转战中，他腿部伤口溃烂。一次他和战友借助一根粗绳涉水过河后，伤口恶化，行走困难，便和9个掉队的伤病员，拄着木棍向谷陇方向行进。谁知宿营时，遭土匪偷袭，8个战友惨遭杀害。第二天，仅剩的另一位战友又因伤势恶化死去。马崇德告别战友遗体，只身拖着伤腿，艰难地朝红军前进方向走去。但两天未进粒米，浑身无力，走到黄飘凤凰山的一块田边，眼前一黑便晕倒了。

不知过了多久，马崇德醒过来，见面前来了一个腰别柴刀的苗族青年。马崇德以为又是土匪，惊恐之时，青年俯身拉着马崇德的手，示意到他家去。马崇德站不起来，又言语不通，青年比划着手势，跑回寨子。不一会儿，他带来一个苗族青年，两人把马崇德抬到山腰苗寨一位老乡家里。他们给乃崇德换上苗族的土布便服，老妈妈给端来米饭，还熬了

---

① 《遵义会议前后》，第47页。

草药疗伤。在苗族老乡精心照料下，马崇德恢复了体力，伤口渐渐好转了。

几天后，尾追上来的敌军到各村寨叫嚷：哪家藏有共匪不交出来，就把哪家斩尽杀绝！为了躲避敌人抓捕，这两位苗族青年连夜把马崇德藏到深山一座破庙里。在庙里躲藏的日子里，两位青年每天晚上摸黑上来送饭，换药……这时，马崇德才知道这两位冒着危险救助自己的苗族青年叫沈光健和沈政。"素不相识的苗胞救我于水火，给了我第二次生命。他们不是亲人，却胜似亲人呐！"马老动情地说。

靠着给人当长工，马崇德总算熬过了艰难岁月。新中国成立后，他与黄飘乡屯上村一位贤淑的苗族姑娘结了婚，生有二子一女。如今，长子、长媳一家到浙江打工，女儿出嫁成了家，小儿子从贵州省财政学校毕业后，现在黄飘乡政府工作，全家日子过得和和美美的。①

（四）八舟河上红军桥

红军桥在高屯乡少寨的八舟河上，宽约60米，江面平缓，河水清碧。两岸群山郁郁，风景秀美……美丽的山水田园风光，使这一带成了"八舟河风景名胜区"。

少寨红军桥是一座简易的板凳木桥。在桥头的古树下，立着一块刻有"红军桥"三个字的青石碑，铭记着长征时村民帮助红军架桥的故事。

中央红军从黎平向村里走来。他们中有的负重前行，还有拄着拐棍的伤员。在这之前的1934年9月，萧克率领红六军团作为长征先遣队，曾路过这一带，村民知道红军是帮助穷人打财主的队伍。果然，先入寨子的红军，也把没收来的土豪劣绅的财物分给穷人。

村民吴之焕见大队人马行军，想到八舟桥又小又不稳固，便决定将河里的木排拉拢起来，搭一座浮桥。但有些木排又长又大，一人拉不动，正巧吴之远路过，便叫他来帮忙。后来吴延真赶到，见他俩正泡在水里搭浮桥，也下河帮着打桩系绳。这时，红军战士见乡亲在架浮桥，许多人也跳进河里一起打扎浮桥。大伙忙了一上午，浮桥搭成了。但圆滚滚的木头很滑溜，不便行走。于是，他们又到寨里扛来木板和门板，横铺在木排上。这样，浮桥平稳了，红军队伍快速过了河。当天中午，许多红军战士来感谢搭桥的老乡，一位长官还拿来一匣银子，定要关之焕

---

① 《红绿辉映长征路 贵州纪行》，第22页。

收下。①

（五）八堡苗民救红军

八堡是个千户大苗寨，位于大方县城北的青龙山下，又叫"八堡六寨"，即由阿龚寨、中寨、仄垮寨、青山寨、新开寨和铧匠寨6个寨子组成的合称。这里不仅风光秀丽，风情独特，且人文历史厚重，富于革命传统。据大方史料记载，公元1856年翼王石达开转战贵州，太平天国军队途经八堡时，"六寨"人民以苗族最高礼节"啯酒"待之。石达开感动之余，吟诗一首："千颗明珠一瓮收，君王到此也低头。五岳抱住擎天柱，吸尽黄河水倒流。"成为记载六寨苗家传统礼仪的历史诗篇。

1936年春，中国工农红军长征到此，更是受到六寨人民的热烈欢迎。这年2月，将军山阻击战打响，六寨人在本族自然领袖杨义沙带领下，勇敢地承担了运送物资、抢救伤员的任务。

据一个叫做杨文白的老人回忆，一天傍晚，村子里突然来了不少伤病员，分住到一些人家里。杨文白的父亲也背回两位伤员，住在自家里屋。那时才10多岁的杨文白从父亲口中得知，这是从数十里外的将军山战场上运来的红军负伤战士。苗家人冒着生命危险，把伤员秘密藏在家里。

红军离开大方后，地方的反动民团闻风来搜查。他们来到杨文白家，从楼上查到楼下，尚未看到红军。民团的人又向里面一间走去。杨文白情急之下挡住房门。民团兵厉声："里面什么人？妈的。"骂着用枪托"啪！啪！"砸门。杨文白的父亲急中生智，上前怒斥道："这是我女娃儿的闺房。你们懂不懂苗家的规矩！"民团见众怒难犯，悻悻离去。

后来的统计表明，六寨人从将军山战场共救回47名伤员，经过苗药治伤、精心调养，大部分康复归队，只有3位伤员因伤重牺牲了，被葬于后山。今有大方县人民政府所建烈士墓及其纪念碑作为历史的见证。

另据《红军长征在贵州（史料）》载：

1935年中国工农红军第一方面军长征部队进入贵州，越过大方县属的八堡一带。八堡有六个寨子，是苗族人民聚居的地方。红军第一方面军到了八堡以后，由于正确地贯彻执行了中国共产党的民族政策，在八堡一带六个寨子的少数民族群众中留下了很好的印象，使他们认识到红军是解放被压迫的各族人民的军队。因此，当二、六军团在第二年长征到达这一带地方之后，很多少数民族老乡都自动去找红军。

---

① 《红绿辉映长征路　贵州纪行》，第6页。

新开寨是八堡的六个寨子之一。在红军到来的日子里，有不少苗族青年小伙子积极为红军带路，协助红军打土豪，参加红军队伍或组织游击队，抵抗反动的地主武装等活动，使得八堡一带的革命斗争搞得热火朝天。一些妇女和老年人也都受到了很大的启发。

有一天，有四五十个红军伤病员路过新开寨，被寨子里的老年人和妇女们看见了，王明德老人就说："红军就是我们自己人，一定要好好的照料他们。"接着老人和妇女一阵忙碌，不一会儿，几十个伤病员就被这家一个，那家一个的接到家里去了。伤员中有一个下巴被打坏了，伤势严重，住在杨老大娘家里。杨老大娘像侍候自己亲人一样，煎汤敷药，十分体贴。伤员饮食困难，杨老大娘就天天煮稀饭来喂他。

新开寨留下红军的消息被土豪何顺吕、罗尊五等知道了，率领了一批地主武装到新开寨来，准备乘机劫掠。于是，大家背的背、扶的扶、很快地把全部伤员送到山上去隐藏起来。随后大家决定："假如他们（指地主武装）硬干，我们有火枪，跟他们拼了，决不能让他们进寨来。"有人说："红军是我们少数民族的亲人，要坚决保护他们。"在苗族人民勇敢顽强的坚守下，新开寨没有受到地主武装的劫掠。苗族人民不仅保护了红军伤病员，还设法把他们平安地护送到小山坝归了队。[1]

（六）巧夺惠水留深情

从贵阳向南54公里可抵布依族聚居的惠水（原称定番）。1935年4月10日，中央红军兵分三路从龙里县境的混子场南下，经惠水向西进。当天，正逢赶场日，有一支头上扎着柳条，前面打着国民党"青天白日"旗的队伍，出现在通往惠水县城的牛场桥头。这实际上是中央红军的一支先遣部队的伪装。守桥的敌人以为是自己人，问对方：你们是哪个部分的？回答是中央军93师的。但敌人还未看清来人，红军战士已跃前缴了敌人枪支。红军战士们冲过牛场桥，快速直奔县城。一阵枪战，在嘹亮的冲锋号声中，很快攻占了惠水城。红军进城后第二天上午，在城内天主堂天井坝里召开群众大会，宣讲红军政策。红军在惠水境内活动三天，足迹遍及近百个村寨，开展宣传和发动群众。

红军经上马司一带宿营时，有位年仅30多岁的李师长住在涟江河岸山边寨的方云洲家。当时只有方的母亲在家。李师长非常敬重老人，与她聊天，问寒问暖。红军上路时，李师长将一匹有病不能上路的马和一口锅送给老人，

---

[1] 参见《红军长征在贵州》，贵州人民出版社1960年版，第120页。

锅里还留有糯米饭。他说:这马喂好了,你们家还可以用。方母十分感激,依依送别李师长。只是第二天,敌军追到,就把马和锅都枪走了。

红军住宿在山口寨苗村时,有五个女红军住在罗永俊家。当时罗的母亲刚生下他才一个多月,但罗的母亲很热情地接待了女红军,还帮她们做饭。女红军也很照顾她,看到她家中很穷,只有一床用碎布扭成绳子编成的破旧被子,就把一件蓝色的长皮袄送给她盖在婴儿的身上。她感动得不知说什么好。临别时,女红军知道她会抽烟,特意送她一支铜制的水烟袋。红军过马门关时,有位才十七八岁的小红军因生病掉队,被当地的苗族山民收留。苗族山民将他隐藏在山寨背后的一个岩洞里,给他送水送饭,洗衣理发,整整照顾了他三个多月。这位小红军病愈后,离开山寨时,到这几家感谢苗族同胞的深情厚谊。①

第四节 贵州红色文化中的民族统战内容

统一战线的工作是中国革命胜利的三大法宝之一。红军长征进入贵州后,一方面是从实际情况出发,灵活有效地开展了统一战线工作,特别是对少数民族和宗教上层人士的统一战线工作;另一方面是对我们党的统战工作作了进一步的总结与反思,特别是经过遵义会议,扭转了长期在党内盛行的"左"倾意识的干扰,使党的统战工作有了很大的发展。红军长征在贵州期间卓有成效的民族统战工作,为万里长征胜利和建立抗日民族统一战线提供了重要保障,为贵州红色文化留下了许多民族统战方面的资源。

一、红军长征初期对统战工作的思考

1934年10月10日,由于第五次反"围剿"的失利,中央红军被迫进行战略大转移,由此拉开了中央红军长征的序幕。这次被迫的大转移,成为中国共产党反思"左"倾思想错误,进一步探讨符合中国实际的革命道路的重要契机,而对统战工作的反思无疑是其中的重要内容。尽管这些思考没有直接涉及民族统战工作,但是,对于红军长征在贵州期间的民族统战工作有着直接的联系。

---

① 《红绿辉映长征路 贵州纪行》,第299页。

（一）从第五次反"围剿"的失利去思考统战工作

毛泽东同志曾对红军长征的原因有一段表述，"长征二万五千里不是因为有统一战线，而是因为太纯洁"，① 这句话明确指出了导致第五次反"围剿"失利和红军长征的根本原因就在于"左"倾错误思想的指导，而其中就包含着对统战工作的深刻反思。伍修权同志回忆："1933年11月，发生了抗日反蒋的'福建事变'。国民党十九路军将领蔡廷锴等人，公开与蒋介石分裂，成立了福建人民政府。蒋介石慌忙抽调出'围剿'根据地的军队，进攻蔡廷锴的部队，这对于我们来说是一个打败敌人'围剿'的极好机会，毛泽东和彭德怀等同志都提出利用这一有利时机的正确建议。但是，李德等人却愚蠢地拒绝了，反而采取了一系列极其错误的对策。"② "福建事变"后，毛泽东同志除了提出相应建议外，还作为谈判代表同福建人民政府进行了谈判，并签订了停战协定，但是协定签署后却没有积极地同十九路军进行军事上的配合，结果怎么样呢？蒋介石打败了蔡廷锴的部队，转过来集中了全部力量进攻中央根据地，从而使红军失去了一次重要的在军事上击破国民党对苏区第五次反"围剿"的机会。为什么不同福建人民政府联合反蒋？伍修权同志回忆道："我听李德对博古说，蔡廷锴的福建人民政府是最危险的敌人，比蒋介石还危险，对群众有更大的欺骗性，红军决不能支持蔡廷锴。"③ 可以说，对处理同福建人民政府的关系，反映了当时党内"左"倾领导人不了解中国革命的实际情况，不懂得统战工作的重要性，错误地采取了关门主义的做法，把可能成为盟友的、具有共同反蒋要求的十九路军拒之门外。

长征一进入湘桂黔边区，民族问题接踵而至，如果在民族统战工作方面再不慎重行事，再犯"左"倾错误，那将会葬送党和红军的前程，使中国革命遭受莫大的损失。

（二）从中国革命的实际和前途去思考统战工作

红军的前途是什么？中国革命的前途在哪里？这引起了广大指战员的深思。对此，伍修权回忆道："惨重的失败，险恶的环境，使人们对李德那一套由怀疑到愤怒，许多指战员愤愤地说，过去几次反围剿，打了许多恶战，不但没有这么大的消耗，还壮大了许多倍，现在光挨打，真气人！他们痛心地

---

① 中央文献研究室编：《毛泽东文集》（第6卷），人民出版社1999年版。
② 《红军长征在贵州史料选辑》，《贵州社会科学》编辑部、贵州省博物馆1983年版。
③ 同上，第10页。

问：这样打下去，结果会怎么样呢？"① 1934年12月12日，中央红军到达通道县城西北四十里的芙蓉、金殿，13日中革军委在芙蓉镇（今陈团）召开了军事紧急会议，毛泽东同志在会上竭力强调"无论如何不能照原计划去湘西与二、六军团会合了，因为敌人已调集了三四十万的兵力，部署在我们前进的道路上企图消灭我们。我主张现在应坚决向敌人兵力比较薄弱的贵州前进，才能挽救危机，争取主动。"② 毛泽东同志的主张得到军委大多数同志的赞同，于是军委发出了关于我野战军14日分别经黎平、洪州司进入贵州的行动部署，先头部队于14日攻占黎平。1934年12月18日，中央政治局在黎平县城召开了会议，会议由周恩来同志主持，会上"毛主席主张到川黔边建立川黔根据地。我决定采取毛主席的意见，循二方面军原路西渡乌江北上。李德因争论失败大怒。"③ 在周恩来同志支持下，会议采纳了毛泽东同志的意见，做出了"新的根据地区应该是川黔边区地区，在最初应以遵义为中心之地区，在不利的条件下应该转移至遵义西北地区。"④ 这就是黎平会议所作出的在遵义建立根据地的决定。作为根据地建设而言，既包括系列的政治、军事、经济、文化等相关机构和设施，也包括各级地方政权的建立。在这一过程中，团结少数民族，瓦解国民党中央军和地方军阀等，都凸显了党在长征途中统战工作的新特点、新内容。

二、红军在贵州期间统战工作的指导思想

红军在贵州的时间很长，除了中央红军之外，还有红二、六军团转战贵州数月之久，不过，我们今天来看当年红军在贵州的民族统战工作的指导思想，主要还从中央红军在贵州期间的一系列会议情况来分析和把握。

（一）黎平会议对"左"倾指导思想的批判

湘江一役红军遭受了重大损失，红军到底往哪里走成为当时必须马上讨论并解决的问题。1934年12月12日在芙蓉木林庵召开了通道会议，据当时担任李德翻译的伍修权同志回忆："部队前进到湘西通道地区，得到情报说，蒋介石已知道我的意图是与二、六军团会合，正在我们前进的方向布置了五

---

① 《红军长征在贵州史料选辑》，《贵州社会科学》编辑部、贵州省博物馆1983年版，第112页。
② 同上，第99页。
③ 同上，第64页。
④ 同上，第4页。

倍于我们的强大兵力，形成了一个大口袋等我们去钻，面对这一严重情况，李德竟然坚持与二、六军团会合的原定计划，把已经遭到惨重伤亡的三万红军，朝十几万强敌的虎口里送。在这危急关头，毛泽东同志向中央政治局提出，部队应该放弃原定计划，改变战略方向，立即转向敌人力量薄弱的贵州去，一定不能再往北走了。毛泽东同志西进贵州的主张，得到多数同志的赞同，中央迫于形势，只得接受了这一正确建议。"① 这是毛泽东自1932年宁都会议后第一次参加高层军事会议，而且毛泽东同志的意见被中央接受了。

1934年12月，中央红军在黎平县城召开了长征途中的第一次政治会议——黎平会议，会议采纳了毛泽东同志的主张，做出了中央政治局关于在川黔边建立新根据地的决议，这就表明中央开始从战略高度清算"左"倾思想，而毛泽东同志的意见也逐渐成为党在战略决定上的重要根据。黎平会议上已经指出要"在政治的经济的及居民群众的各种条件上，求得有顺利的环境，便利于彻底的粉碎五次'围剿'及今后苏维埃运动及红军之发展"，② 这已经强调要从政治、经济、群众工作等方面去思考如何有利于粉碎第五次"围剿"和红军的壮大与发展，这对于红军的统战工作具有极强的指导性。

（二）遵义会议明确了今后一段时期内红军统战工作的指导思想

1935年1月15日—17日，中央政治局在遵义召开了扩大会议。会后由张闻天同志起草了《中央关于反对敌人第五次"围剿"的总结的决议》。决议主要从军事路线的角度反思了第五次反"围剿"失败的原因，但是我们可以从中看到包含了丰富的统战工作的思想。一是对当时国内战争的形势的分析，决议指出"在目前中国国内战争的阶段上，在我们还没有大的城市工人的暴动，白军士兵哗变的配合，在我们红军数量上还是非常不够，在我们的苏区还只是中国的一小部分，在我们还没有飞机大炮等特种兵器"③。

因此，面对敌人的进攻，我们的战略路线当然是决战防御而不是单纯防御，这就从国内战争的形势上明确了战略路线和方针的问题，也道出了统战工作的必要性及其任务；二是面对日本帝国主义的侵略，如何联合抗日力量的问题，决议指出"党中央采取了利用国民党内部这一矛盾的正确的政治路线，同十九路军订立了停战协定，来推动十九路军去反对日本帝国主义与蒋

---

① 《红军长征在贵州史料选辑》，《贵州社会科学》编辑部、贵州省博物馆1983年版，第114页。
② 同上，第3页。
③ 同上，第11页。

介石。然而当时××同志等却在左的空谈之下，在战略上采取了相反的方针"①，要看到"军阀内部的矛盾与不统一有了进一步的增加"，"帝国主义瓜分中国与国民党的卖国政策，全国国民经济的空前崩溃，是全国民众更清楚的看到只有苏维埃才能救中国，而更加同情与拥护苏维埃革命运动以致直接为苏维埃政权而斗争"②；三是中国国内战争的长期性、持久性问题决定统战工作的长期性与复杂性，"必须明白中国国内战争不是一个短时期的战争，而是长期的持久的战争，苏维埃革命就在不断粉碎敌人的围剿中发展与巩固起来的"③；四是"在政治工作上一切须适应目前运动战的需要，以保证每一个战斗任务的完成。红军更要从作战中修养与整理自己，保证每一个战斗任务的完成。红军必须严肃自己的纪律，对于广大劳苦工农群众的联系必须更加密切与打成一片。极大的加强对地方居民的工作，红军应该是苏维埃的宣传者与组织者"④；五是强调了白区的工作，"白区党的工作必须建立和加强。对白区群众斗争的领导方式必须有彻底的转变。瓦解白军的工作必须真正开始"⑤。从上面这些情况我们就可以看到，由于中国革命战争的形势与特点，统战工作，包括在贵州的民族统战工作，是必要的、长期的，而且必须服从于红军决战防御的需要，必须有利于红军机动灵活的运动战的需要，这就是红军在贵州期间及今后一段时期内统战工作的指导思想。

三、红军在贵州期间的民族统战工作

从黎平会议开始，经过猴场会议、遵义会议、鸡鸣三省会议、苟坝会议等，红军长征在贵州召开了几次重要会议，除了决定党和红军生死存亡的一系列重要问题之外，对统战工作的指导思想亦逐渐明晰，红军的统战工作得以全面展开，并收到了很好的效果。

（一）长征时期党的民族统战策略的重大转变

大革命失败后，由于"左"倾思潮的影响，党的统战对象局限于社会下层，在少数民族中奉行的是"中国农工少数民族劳苦群众的统一战线"。少数民族上层作为斗争对象，被排除在统一战线之外。长征开始后，红军进入少

---

① 《红军长征在贵州史料选辑》，《贵州社会科学》编辑部、贵州省博物馆1983年版，第20页。
② 同上，第27页。
③ 同上，第16页。
④ 同上，第27页。
⑤ 同上，第28页。

数民族聚居区，随着与少数民族的广泛接触以及民族工作的不断开展和总结，我党打破教条主义的束缚，根据少数民族社会关系具体情况，逐步改变对少数民族上层的政策。1934年11月，红军到达苗族、瑶族聚居区，面对新情况、新环境，党和红军深入分析苗、瑶民族的具体情况，采取了争取和团结少数民族上层的策略。

总的来说，以长征为界，党对少数民族上层人士的统战政策有了根本性转变。红军长征前，党只是主张与少数民族劳苦群众下层建立统一战线；长征期间，特别是长征进入贵州之后，党认识到少数民族社会关系的特殊性，认识到民族上层人士在社会结构中的特殊地位，开始了对少数民族上层人士的统战工作。

党和红军长征中同贵州少数民族的精英分子建立起了统一战线，以此来团结广大各民族同胞，反映了自遵义会议后，党在少数民族中的统战工作更加务实与灵活，不仅注重同下层民众建立良好关系，同时在上层中灵活开展统一战线工作，以民族精英人物为旗号，号召各民族同情共产党和红军，支持中国革命。这不仅改善了当地的民族关系，服务了党和红军的转战任务，也为以后中央红军顺利通过彝族等少数民族地区提供了宝贵经验，为中国革命任务的顺利完成提供了实践经验。

（二）红军长征在贵州期间的民族统战工作概况

贵州是多民族聚居的地区，红军走过的地方，几乎都是少数民族比较集中的地区，民族统战工作显得异常重要。黎平会议之后，红军在黔东南地区的少数民族统战工作就进行得有条有理，经过遵义会议得到进一步的提升，然后在黔中、黔南、黔西南等地都得以有效的实践。

本书前面内容中介绍了党和红军在贵州期间的民族宗教方面的政策口号等，那些内容，实际上也可以看作是红军长征在贵州期间的民族统战工作方面的内容，也是贵州红色文化中的民族统战方面的历史文化资源。

1934年12月20日，军委纵队进驻剑河县城，总政治部代主任李富春同志发出了《关于注意与苗民关系加强纪律检查的指示》，"明确传达与执行本部对苗民指示，不打苗民土豪，不杀苗民有信仰的甲长、乡长"，[1] 这一指示得到了广泛的执行。

1935年1月红军长征经过遵义时印制的《中国工农红军总政治部布告》中明确指出"对于苗瑶等少数民族，主张民族自决、民族平等、与汉族工农

---

[1] 《红军长征在贵州史料选辑》，《贵州社会科学》编辑部、贵州省博物馆1983年版，第15页。

同等待遇。"①

从黎平会议到遵义会议,红军的民族政策初步确立,这就是民族自决、民族平等、与汉族工农同等待遇。之后,包括红二、六军团在内的红军长征在贵州的民族统战工作到处都做得有声有色,留下了许多民族团结的历史佳话。

红军长征在贵州期间的民族统战工作成效显著,陈云署名廉臣的《随军西行见闻录》中有一些具体而生动的记载。

  赤军一入贵州,更尽力在汉民、苗民中活动。赤军以民族平等、解放苗家、反对贵州军阀压迫苗家等之宣传取得苗家之拥护,并鼓动苗家、汉人到当地平日压迫汉苗贫民之区公所长等的家里,把财物谷子散给汉苗民。间有缴获民团枪支者,亦发给苗家,武装苗民。赤军时时防备不使引起与苗家的冲突,而且处处给苗家以利益。如赤军在黎平时,政治部即通告各部队,在苗家区域中绝对遵守纪律,并叫赤军兵士每人备一件东西送给苗家。

  贵州之一般贫苦汉人与苗家,确受赤军之宣传甚大。当萧克由湘边转入湘西时,亦由此经过,亦给当地汉苗居民以好感。故朱毛赤军一至,汉苗人民非但不逃,且有大批加入赤军者,并有时询赤军何时"安民"者。赤军固有汉苗人民之助,故在此贫瘠之区未受饥饿。

  贵州汉苗贫民之所以接受赤军之宣传者,不仅因赤军之活动的结果,亦由贵州当地之贪官污吏、土豪劣绅所造成。贵州人民受军阀之压迫,亦非江浙人士所能想象。军队则抽丁、苛捐杂税、勒种烟苗,使农民之生活,终年辛勤而不得一饱。此次赤军入黔,侯之担已勒收过两次"剿赤捐"。军队既不能卫民而反是害民,此实为共党取得人心之一大助力也。②

(三)红军长征在贵州时期民族统战工作的具体措施

贵州红色文化资源中的民族统战内容,最基本的部分是从红军长征在贵州时期留下的。在实践党和红军的民族统战政策方面,有几点具体的措施。

1. 保护少数民族上层利益,不打少数民族土豪

"打土豪分田地"是土地革命的主要内容,也是红军给养的主要来源。针对少数民族地区的特殊情况,党对民族上层人士采取了团结、争取和教育的政策,不没收他们的土地财产,保护其既得利益。

---

① 《红军长征在贵州史料选辑》,《贵州社会科学》编辑部、贵州省博物馆1983年版,第45页。
② 廉臣:《随军西行见闻录》,《陈云文选》第一卷,第56页。

1934年12月，红军总政治部明确要求部队不打苗民土豪，不没收土司、寺庙财产土地。这种政策在整个长征时期都是延续的，所以，后来在冕宁和越西地区，红军还废除了"换班坐质"制度，打开监狱，放出了彝族首领。

红军坚守原则，即使在严重缺粮时，也忍饥受饿，给予民族上层人士应有的保护，这深深感动了少数民族上层人士。

2. 积极与少数民族上层建立友好关系、达成协议或结成联盟

对于如何具体处理与少数民族上层的关系问题，红军总政治部在《关于苗瑶民族中工作原则的指示》中表示愿意同瑶民的上层代表订立政治联盟或军事联盟。中央红军经过贵州镇宁时，红三军团与布依族首领陆瑞光结盟，陆瑞光亲自带着自己的队伍护送红军过境。

这种情况在红军长征离开贵州后，还继续传出民族团结的佳话。1935年5月，刘伯承在冕宁与彝族头人果基约达（小叶丹）歃血盟誓，为红军顺利通过彝区创造了条件。1936年4月，红四方面军到达甘孜时，李先念与康区最大的德格土司泽旺邓登签订了《互不侵犯协定》，等等。

3. 尊重和保护宗教，争取和团结宗教上层人士

宗教问题在民族关系中是十分敏感的问题，关系到少数民族的宗教感情，民族上层人士往往同时又属于宗教上层，因此，尊重和保护宗教是搞好民族上层统战工作不可忽视的重要内容。

党和红军规定宗教信仰自由，尊重民族宗教习俗，不杀苗民有信仰的甲长、乡长，要求开展无神论宣传必须要在不伤害宗教感情的条件下进行。宗教活动场所一般都是当地最大的建筑，是部队驻扎、举行会议等的最佳地点。由于在民族地区，这些地方被视为神圣，不可亵渎，党和红军明确规定不没收佛教寺院、清真寺的财产，不准进经堂，不得污辱僧人、阿訇等宗教界人士，不得毁坏经书、神像。广大红军指战员克服种种困难，严格遵守纪律，所到之处，除了被敌军用作据点偷袭阻击红军的以外，少数民族宗教活动场所大都完好无损。这对做好民族上层工作无疑具有极其重要的意义。

总之，党和红军在长征时期针对少数民族社会特殊情况，制定了合理的民族统战策略，团结了包括少数民族上层在内的一切可以团结的力量，为红军顺利通过贵州创造了有利条件。在这一时期，我党丰富和发展了马克思主义关于民族问题的理论，为党的民族政策进一步发展完善积累了宝贵经验，为完成整个长征以至于为共和国的民族统战工作都打下了良好的实践基础。

（四）红军转战贵州期间民族统战工作的突出事例

早在1934年夏天，红二、六军团转战黔东的时候起，党和红军就一直很

重视民族统战工作。红军长征期间，在贵州各民族各阶层人士的帮助下，得以顺利地完成了甩掉敌人实现战略大迁移的伟大历史任务，为中国革命的胜利奠定了基础，统战工作功不可没。这方面的历史事迹是很多的，在这里，本书只择几件突出的事例作一些介绍。

1. 黔东苗族、土家族地区"神兵"的改造工作

红二军团转战贵州期间，执行党的统战政策最成功的表现之一就是团结"神兵"的工作。1930年代在黔东等地存在的"神兵"组织，是黔东各族人民为了反抗反动政府的压迫和剥削，通过"神坛"的组织形式形成的一种反抗组织。其内部有"神兵""神将"之分，参加者信仰神的保护，相信"枪打不穿""刀砍不进"，敢于斗争不畏牺牲。神兵组织的主体为各民族劳动人民，有"禁烟"（鸦片）"禁酒""禁色""禁盗"等纪律。由于"神兵"组织在发展壮大时龙蛇混杂，少数地主豪绅和失意政客也混迹其中，一旦斗争失利，这些人就成为瓦解"神兵"投降敌人的反动力量，所以，在国民党政府军和地方军阀部队的进攻下，"神坛"组织惨遭破坏，但仍有不少神兵组织带领各族劳动人民坚持斗争。

红二军团进入贵州后即决定与"神兵"联合，并以贺龙的名义于1934年6月16日发布了《中华苏维埃共和国湘鄂川黔革命委员会致贵州印江、德江、务川、沿河各县神坛诸同志书》，对他们"斗争的勇气和决心"表示"万分的敬意"，向他们宣传革命道理，着重分析"神兵"失败的原因，指出其今后的斗争方向和方法，表明红军愿意与他们建立亲密的革命的联合。①

红二军团的革命宣传，特别是关于党的民族政策的宣传迅速收到明显效果，当地各族人民和"神兵"群众纷纷要求与红军联合，参加轰轰烈烈的革命斗争。对此，国民党政府当局也惊呼："赤色恐怖深入人心"，"人心归附，如水下倾"。② 此后，在红二军团从沿河向枫香溪推进途中，不断有"神兵"队伍要求参加红军。贺龙决定把"神兵"先编成特种大队，直接受红二军团司令部领导，后又发展为黔东纵队，最后与各县建立的独立团编为黔东特区独立师，从而壮大了革命的力量。③

2. 安顺布衣族头领陆瑞光的事迹

关于陆瑞光的事迹有各种版本的传说，下面是其中一种综合性的叙述。

---

① 《贵州文史资料选辑》第3辑，第5-7页。
② 《红军转战贵州》，贵州人民出版社1984年版，第3-4页。
③ 参见欧多恒、杨雪梅：《红三军团黔东特区统战政策的重要作用》，《贵州社会科学》1997年第3期。

陆瑞光是贵州省镇宁县六马区弄冉地区的布依族头人，拥有一百多杆枪支的队伍，是当地的实力派。他在地方军阀连年混战和国民党施行民族压迫以及"招安"骗局中吃尽了苦头，并遭到了反动政府的通缉。据载，"1935年4月，中央红军从江龙来到镇宁，陆瑞光带着自己的武装逃进了深山老林。红军到了弄冉，大部队驻扎在寨子外面的田坝里，只有十几个红军首长住在陆家。当红军派人去找他，欢迎他回去时，他还不相信，派了他的副官和连长当代表去交涉，自己则乔装打扮夹在其中一同回家。

红军首长亲切地向他们讲解党的民族政策："不论汉族、苗家、布依家；不论各民族人口多少，都一律平等。不许欺压苗族、布侬族。反对王家烈、犹国材派捐派税"。这些话句句打动着陆瑞光的心。他又看到自己的住房锁得好好的，住在院里的红军，只在厢房里办公和打地铺休息，客客气气地待人。陆瑞光为红军这种和蔼态度和严明的纪律所感动，便情不自禁地对红军首长说："我就是你们要找的陆瑞光"，随即吩咐随从布置酒饭，按布依族的规矩招待寨内外的红军，大家如同久别重逢的亲人一样兴奋、亲切。

陆瑞光还向红军诉说了军阀官僚横行乡里，残酷压榨少数民族，挑起民族仇杀的罪行。红军首长用党的民族、统战政策耐心地启发他的革命觉悟，并赠送一批枪支弹药给他，以扩充其反国民党军阀的武装。随后，红军在陆瑞光的护送下，只用了三天时间，大部队就顺利地通过了布依族地区。以红军干部方武生为首的十二名红军伤员亦受到陆家的精心护理。1936年，陆瑞光和方武生组织了一支几百人的各族农民队伍，坚持和军阀作斗争，还准备渡过盘江到右江找根据地的红军部队。陆在一次与敌人的搏斗中不幸被捕，后来被军阀杨森杀害在贵阳市的八角岩。"①

3. 黔、大、毕各地苗寨的统战工作

红军转战黔东执行的民族政策，还通过贵州地下党等渠道传遍整个贵州高原，在各族人民中产生深刻的影响。所以，当中央主力红军长征过贵州和二、六军团转战贵州时，贵州各族民众纷纷组织起来，迎接红军，参加红军，投入革命斗争。

红军到达黔、大、毕时，当地人士席大明带领苗族青年五六百人投奔红

---

① 《红军长征在贵州》，贵州人民出版社1960年版；陆新纪：《回忆父亲陆瑞光》，见《贵州民族研究》1982年第4期。

军，王震将军接见了他们，并和他们召开了座谈会，会后一起合影。后来，王震将军还将这批苗族青年编为独立的苗民支队。

在红军宣传影响一下，大定苗族青年以上寨李德洪为首，组织了"苗族自卫队"，这支队伍有三十多人，他们积极宣传抗日救国，开展打土豪分田地的革命斗争，号召群众支援红军，得到各族人民支持，红军走后，他们仍坚持斗争。

（五）杨勇将军主政贵州期间对民族统战工作的重视

杨勇（1913—1983），原名杨世峻，湖南浏阳人，1927年加入中国共青团，1930年转入中国共产党。长征初期，他曾率部大战土城、娄山关、遵义、老鸦山，四渡赤水。1949年11月，杨勇率领第二野战军第五兵团进军贵州，攻克贵阳。1950年1月，杨勇就任贵州省人民政府主席兼贵州军区司令员。1955年，杨勇被授予上将军衔。杨勇不仅是一位卓越的军事指挥员，也是一位优秀的思想政治工作者，他坚定地执行党的统战政策。在贵州工作期间，他结合实际情况，卓有成效地开展统战工作，促进了贵州民族地区的社会稳定。

杨勇认为，对于贵州这样一个少数民族聚居区而言，统战工作与民族工作密不可分，民族工作也很重要，因此，不论是在进军途中还是在主政贵州期间，杨勇都非常重视民族工作的开展。

莫凤楼是贵州独山县人，是一位知名的少数民族爱国人士，在贵州有较大的影响力，是建国初期的重要统战对象。因此，杨勇诚挚邀请他共建新贵州。1950年4月18日，贵州省人民政府主席杨勇、副主席陈曾固联名向莫凤楼先生发出专函，称"凤楼先生：贵州解放以来，先生曾对地方工作多方协助，至为感谢。兹值我黔省各项工作开始筹划之际，我们欢迎先生来省商谈，望驾临是荷。专此，致敬礼！"[①] 后来，莫凤楼被土匪杀害。杨勇得知后，又与陈曾固联名给其子莫健发了唁电："凤楼先生不顾匪特威胁利诱，积极协助人民政府，不幸被匪特杀害，实为贵州人民之损失。先生坚决为人民服务的精神，将为贵州人民永记不忘。"这足见其对统战工作之重视。[②]

---

① 黔南州政协文史学习委员会：《布依英烈莫凤楼》，贵州民族出版社2000年版，第203页。
② 参见刘鹤、刘喜凤：《杨勇的统战思想与建国初期贵州民族地区统战工作的开展》，《凯里学院学报》2012年第4期。

下篇 实践篇

第二章 贵州高校师生民族观念、民族认同、民族感情的现状分析

贵州高校师生民族团结教育情况的主流是好的，总体上呈稳定、健康的发展态势。然而，由于历史、地理、社会等多方面原因，部分高校师生在民族观念、民族认同和民族感情方面认识不到位，表现在对民族观念与国家观念、民族认同与国家认同、民族情感与爱国情感等问题的认识模糊上。加之在国内，某些因不尊重少数民族宗教信仰和风俗习惯引发的冲突时有发生。在国际上，极少数民族分裂主义分子同国际反华势力相勾结，利用民族、宗教问题极力挑拨少数民族与汉族的关系，制造民族矛盾，破坏我国的民族团结和国家的安定统一。因此，新时期西部高校师生民族团结教育面临着一系列挑战。如何面对这些挑战，这是高校思想政治教育亟需解决的问题。本章旨在通过调查研究，了解贵州高校师生民族观念、民族认同、民族感情的现状，为探索民族团结教育的途径与方法打好坚实基础。

第一节 贵州少数民族基本情况概述

一、贵州少数民族分布情况

贵州位于中国大西南的东南部，云贵高原东部，亚热带高原山地，介于四川盆地和广西丘陵之间。其地势西北高东南低。贵州土地面积为17.6万平方千米，山地与丘陵占97%。[①] 全省有乌蒙山脉、大娄山脉、武陵山脉、苗岭山脉等纵横境内，有珠江和长江两大水系的南北盘江、红水河、乌江、午阳河、清水江、都柳江等支流奔腾于崇山峻岭之间，山水映衬，相得益彰。贵州古称"黔"，现今简称"黔"或"贵"，其特殊的地理位置和特有的地形地貌，以及中国历史发展过程中的众多民族因素，使之成为华夏族系、氐羌

---

① 范同寿总编，翁家列主编，贵州省地方志编纂委员会编：《贵州省志·民族志》，贵州民族出版社2002年版，第1页。

族系、苗瑶族系、百越族系的诸民族及蒙古、回、满等民族的民族集结地，多民族大杂居小聚居的局面逐渐形成。

贵州现有近50个民族。世居民族主要为汉族、苗族、仡佬族、布依族、彝族、水族、侗族、土家族、回族、白族、瑶族、壮族、畲族、毛南族、蒙古族、仫佬族、满族、羌族等。贵州的苗族、布依族、侗族、仡佬族、水族人口分别占全国同一民族总人口的50%～98%。贵州省少数民族人口占全省总人口的36.8%，少数民族人口比重居全国第3位，约为1300余万。① 贵州的少数民族人口大多居住在农村及交通不便的边远山区，汉族则大多分布在城镇及交通沿线附近。仡佬族多住于山谷，苗族、瑶族、彝族主要住在山上，布依族、侗族、水族等大部分则是傍水而居。关于贵州民族主体分布格局的描述有很多流传于民间的俗语，比如"高山彝苗水仲家（布依族旧称），仡佬住在石旮旯"，又如"苗家住山头，夷家（指布依族）住水头，客家（少数民族对汉族的称呼）住街头"……这些民间俗语概括了贵州各民族的分布格局。全省各地均有分布的是汉族和苗族，汉族主要分布在黔中、黔北、黔西北，苗族主要分布在黔东南、黔南、黔西南、黔西北和黔东北。此外，布依族主要分布在黔南、黔西南、黔中，仡佬族主要分布在黔北、黔西北和黔中，侗族主要分布在黔东南、黔东，土家族主要分布在黔东北和黔北，彝族主要分布在黔西北和黔西南，水族主要分布在黔南，回族主要分布在黔西北、黔西南和黔中，白族主要分布在黔西北，瑶族和壮族主要分布在黔东南、黔南；畲族分布在黔东南和黔南部分县市，毛南族分布在黔南部分县内，满族、蒙古族分布在黔西北部分县内，羌族分布在黔东北的石阡、江口两县境内。

二、贵州少数民族事业发展概述

自1950年贵州省民族事务委员会成立以来，贵州省的民族事业得到了政府支持和社会关心，民族事业蓬勃发展起来。到1951年底全省各行署（市）、县先后建立民族事务委员会。政府重视文化教育事业的发展，由省文教事业费内拨出专项专款在少数民族聚居地区建立民族中小学校。对少数民族学生给予助学金及衣被赠送等扶助，贵州民族学院（现贵州民族大学）和卫生学校的少数民族学生还得到了医药、书籍、文具等资助。政府为培养少数民族师资，在当时的贵阳师范学院、贵州工学院、贵州农学院等高校留出一定名

---

① 范同寿总编，翁家烈主编，贵州省地方志编纂委员会编：《贵州省志·民族志》，贵州民族出版社2002年版，第1页。

额专收少数民族学生。

　　政府注重文化下乡和文化建设。从1951年2月起,省文教厅每年专门组织1~2次电影小分队到少数民族聚居的县、乡、镇放映电影。1952年5月成立贵州省人民文工团,1954年改名为贵州民族舞剧团,1956年改为贵州省歌舞团。编创人员和演员有苗族、布依族、侗族、土家族、彝族、回族、满族、汉族等。由中国社会科学院语言研究所和中央民族学院(现中央民族大学)联合组成的少数民族语言调查工作队,先后于1952年、1955年、1956年深入贵州农村开展了规模空前的语言调查,为苗族、布依族、侗族创制了民族文字方案(草案)。自治州、自治县建立后,各自治地方均设立文化工作机构,搜集、整理、宣传、弘扬少数民族文化。虽然历时10年的"文化大革命"使民族事业的发展受到一定的负面影响,但1978年9月恢复成立贵州省民族事务委员会后,很多工作又得以提升和加强。其中,开展民族识别工作,恢复更改民族成分的工作得到很好的发展。从1981年开始,政府为尊重和保障各少数民族的权利,开展了未定族称的人们共同体的民族识别工作,对穿青、里民、南京、龙家、蔡家、羿人、喇叭、佯家、东家、佯僙、莫家、绕家、西家、木佬、三锹、刁人、油迈瑶、长袍瑶、下路司、六甲、卢人、辰州人、七姓民等族群进行了全面调查,结合民族意愿,认定其中六甲、七姓民、龙家、蔡家、木佬、佯僙、绕家、油迈瑶、喇叭人等族群的民族成分,恢复了黔东北地区100多万土家族和仡佬族的民族身份,解决了历史遗留问题,使平等、团结、互助的社会主义民族关系在恢复中健康发展。同时,政府还大力发展民族地区教育、科技、文化事业。改革开放以来,贵州省人民政府制定了一系列有利于民族地区教育、科技、文化发展的特殊政策和措施,有力地促进了民族地区教育、科技、文化事业的发展。民族地区文化机构和设施逐年增加,县县建有图书馆、广播站和卫星地面接收站;尊重民族民间风俗习惯,活跃文化艺术活动;一批少数民族作家、作者和艺术人才脱颖而出,民族歌舞、民间艺术和民族文化研究越来越多地走出贵州,走向世界,得到了国内外民众和专家的认可和好评。民族地区医疗网点建设大为改善,农村"看病难"的问题得到缓解,一些地方病和传染病得到有效控制;科技人才的培养和科学技术的推广普及受到重视,实用科学技术普及到千家万户,人们的商品经济意识日益增强。少数民族传统体育得到发展。民族自治地方精神文明建设丰富多彩,文化、艺术、教育、卫生、体育、新闻、出版、科研事业硕果累累,少数民族古籍整理发掘和民族语言文字的推广、应用、交流不断加强,在继承传统文化、繁荣民族经济中发挥了积极的作用。

同时，各类民族团结进步活动亦相继开展，民族团结的新局面得以开创。改革开放以来，为改善在社会主义市场经济条件下的民族关系，贵州省各级民族工作部门长期不懈地通过多形式、多渠道在各族人民中深入开展马克思主义民族观和党的民族政策、国家法律法规的宣传教育，对民族团结进步的先进集体和先进个人进行了表彰，有力地促进了各民族的大团结。在多形式的民族团结活动中，涌现了一大批先进集体和先进个人，他们的先进事迹和经验为民族事业的发展起到了重要的作用，对民族团结的宣传教育工作也达到了良好的效果，时至今日，对有效推进贵州各民族团结进步的事业仍具有现实和深远的意义。

纵观贵州建省以来近600年的民族发展史，民族问题始终是贵州省情的重要组成部分。民族问题处理的结果，直接关系到社会的兴衰和长治久安。建国60余年，中国共产党在社会主义建设的伟大实践中，坚持马克思主义的民族理论同中国各民族的实际相结合，制定并实践了正确的民族政策，从而使少数民族在各方面都发生了深刻的变化。特别是党的十一届三中全会以来，中共贵州省委、贵州省人民政府把民族工作作为全省工作的重要任务来抓，做了大量卓有成效的工作，使民族地区的政治、经济、教育、文化、科技等各项事业都取得了令人瞩目的成就和长足的进步。平等、团结、互助的社会主义新型民族关系在贵州高原不断巩固和发展，并经受住了国内外风云变幻的考验。

三、贵州少数民族多彩文化概览

贵州多彩的民族文化是中华民族文化宝库中的瑰宝之一。自然环境的独特性是多彩文化产生的根源之一，贵州山多洞穴多、气候温和湿润，五大古族系长期交往、结集，铸就了贵州民族文化诸多的特色和深厚的底蕴。贵州少数民族文化是以家庭为单元、以血缘为纽带、以民族为标志、以社区为范围、以自然经济为基础的山地农耕文化。① 众多民族大杂居小聚居的分布格局，促进了民族文化的积淀与传承。近年来，贵州交通状况得到了很大的改善，与内地联系日趋加强，民族文化的传播变得丰富多彩，日新月异。

贵州民族文化既有突出的个性，又有着明显的共性。主要表现为各少数民族都不同程度地保存着各自的民族特色，同时又都不同程度地受着汉文化

---

① 范同寿总编，翁家烈主编，贵州省地方志编纂委员会编：《贵州省志·民族志》，贵州民族出版社2002年版，第10-11页。

及周边族群文化的影响。除土家、回、蒙古、羌等族外，贵州的各少数民族有自己的民族语言，其中的大多数能同时讲汉语。只有生活在边远山区的约300万人目前尚不懂汉语。① 土家族、仡佬族、回族、满族、白族、毛南族、仫佬族、蒙古族、羌族等民族男女服饰与汉族一部分基本相同，苗族、布依族、侗族、水族等民族的一部分男子服饰与汉族相同。少数民族的婚丧仪规各有不同，却也掺有汉族婚礼中的一些风俗，纳采、问名、纳吉、纳征、请期、亲迎及"回喜神"、放鞭炮等婚俗都是大同小异。汉族最为隆重的节日为过年，以农历腊月三十至正月十五为期，一些少数民族亦纷纷仿效。不同之处在于苗族、侗族、彝族、水族中，也有兼过该族原有的以九月、十月、十一月为岁首之年。无论是过一个年或两个年，过年的形式和内容也都有一些相同之处。明代从内地进入贵州的汉族军民带来的春节期间跳地戏、唱花灯等娱乐活动，也在布依族、土家族、仡佬族中流行。

贵州民族文化在传承与变异的交互运行中发展，逐渐成为多元一体文化的一个典型缩影，这是贵州民族社会发展历程的产物与印记，是贵州各族在特定自然生态与社会生态环境中生存与发展的历史积淀。

第二节 贵州高校少数民族师生民族观念、民族认同与民族情感的现状调查

为了进一步了解贵州高校少数民族师生在民族观念、民族认同与民族情感方面的现状，课题组对贵州高校少数民族师生进行了抽样调查，旨在了解贵州高校师生对于民族身份认同感、民族地位与国家现状、爱国情操等问题的基本态度与看法。此次调查以问卷调查、访谈、座谈会等形式进行，对贵州几所高校的少数民族师生进行了抽样调查。

一、问卷调查

为了更加准确、完整地反映调查数据的可靠性和调查范围的广泛性，在问卷的设计、参与人数的考量上，课题组都做了精心策划和缜密部署。

---

① 范同寿总编，翁家烈主编，贵州省地方志编纂委员会编：《贵州省志·民族志》，贵州民族出版社2002年版，第12－13页。

（一）问卷设计

问卷的设计充分考虑合理性、普遍性、逻辑性、明确性和非诱导性，同时针对问卷的统计，还考虑到了一定的方便原则，即便于分析和统计。

第一，问卷的内容紧密结合贵州高校少数民族师生民族观念、民族认同、民族情感等方面的问题，与研究主题密切相关，使问卷具有合理性。

第二，问卷中涉及的问题，都是针对贵州高校少数民族师生普遍遇到的问题，具有一般性、普遍性，既便于受调查者的回答，也便于调查成果的整理和分析。

第三，问卷的设计一定要有整体感，每一个问题都是围绕总课题而提出，结构严密，不能犯逻辑错误，让调查对象感到问题集中，提问有章法。反之，问题分散，逻辑层次不清晰，会给调查对象随意、不严谨之印象，自然也会影响其回答问题的表现。

第四，问题的表述必须清晰。设计的问题应该具有规范性，明确性，不能含糊其词，并且要保证命题的准确性，使调查对象能准确了解问题，有利于回答的真实有效性。

第五，问卷的设计还要考虑非诱导性。如果使用诱导性或提示性的问题，会潜在地掩盖问题的真实性，同样也会不自觉地让调查对象难以客观答题，最终导致调查组不能获得真实的调查结果。

第六，在设计问卷时还要考虑统计调查结果的便捷性、调查结果的说服力等因素，使得问卷既能紧密结合调查研究的主题，也能方便调查信息的收集、整理和分析，使得调查工作取得实效。基于对问卷调查的设计思路，在整理各类信息的基础上，形成了本次调查问卷的15个题目。题目内容紧扣民族观念、民族认同、民族情感等方面的内容，从本民族到其他民族，再延展到中华民族，问题层层递进，逐步延伸，有助于调查对象对问卷的接受和答题。（详见问卷题目）

贵州高校少数民族师生民族观念、民族认同、民族情感现状调查问卷

1. 您是否重视在意自己的民族身份？（   ）
   A. 详细了解   B. 基本了解   C. 略知一二，不太了解
2. 您对本民族风俗文化的了解程度是？（   ）
   A. 十分重视   B. 比较重视   C. 不太重视
3. 如果遇到举办民族节日，您会：（   ）
   A. 欣然参与   B. 不予理睬   C. 反对举办

4. 如果汉族同学与少数民族同学发生矛盾时，您会：（   ）
   A. 积极协调处理　　　　　　B. 好言相劝
   C. 置之不理　　　　　　　　D. 从中挑拨
5. 您了解国家目前的民族政策吗？（   ）
   A. 详细了解　　B. 基本了解　　C. 略知一二，不太了解
6. 当在与其他民族交往过程中，如果不小心触犯了民族的禁忌，您的做法是：（   ）
   A. 主动道歉　　B. 置之不理　　C. 认为是无理取闹
7. 您是如何看待当今社会民族同化现象？（   ）
   A. 顺应历史发展，是合理的　　　B. 导致民族特色淡化
   C. 无所谓
8. 您认为中国人，不管是什么少数民族，都应当是中华民族的一员吗？（   ）
   A. 肯定是　　　B. 不是，只是自己的民族　　C. 不好说
9. 你认为贵州现在的民族关系如何？（   ）
   A. 非常好　　　B. 较好　　　C. 不知道
10. 你最愿意选择哪种民族成分的同学作为你的同寝室朋友：（   ）
    A. 随便什么民族都可以　　　　B. 最好是本民族
    C. 最好是其他民族　　　　　　D. 没想过
11. 你更喜欢民族传统节日（春节等）还是"洋节"（圣诞节等）？（   ）
    A. 更喜欢传统节日　　　　　　B. 更喜欢洋节
    C. 都喜欢　　　　　　　　　　D. 不喜欢过节
12. 你认为目前保留中华民族优秀传统是否有意义？（   ）
    A. 非常有意义　　B. 比较有意义　　C. 说不清
13. 你看到五星红旗在奥运赛场上冉冉升起时会感到骄傲和自豪吗？（   ）
    A. 很自豪　　　B. 有一点感动　　C. 没感觉
14. 如果有人因为对社会不满，便出言不逊、诋毁中国时，你会怎么做？（   ）
    A. 很生气，据理力争　　　　　B. 生气，但不采取行动
    C. 无动于衷或附和上述观点
15. 你认为实现中国梦与自己的民族有关吗？（   ）
    A. 有密切关系　　B. 有一点关系　　C. 无关

（二）调查结果

本次问卷调查的对象涉及遵义师范学院、遵义医专、黔南民族师范学院、毕节学院、贵州师范大学、贵州民族大学等几所高校少数民族师生，共发出问卷200份，收回200份，回收率为100%，有效样本为200份，占有效问卷的100%。

其中女性132人，占调查人数的66%；男性68人，占调查人数的34%。其中苗族42人，占调查人数的21%；布依族22人，占调查人数的11%；仡佬族39人，占调查人数的19.5%；侗族24人，占调查人数的12%；土家族31人，占调查人数的15.5%；彝族11人，占调查人数的5.5%；回族6人，占调查人数的3%；穿青人8人，占调查人数的4%；白族6人，占调查人数的3%；水族5人，占调查人数的2.5%；黎族5人，占调查人数的2.5%；瑶族1人，占调查人数的0.5%。

课题组对问卷结果统计分析如下。

① 十分重视自己的民族身份的少数民族师生共计66人，占总人数的33%。其中，苗族师生占总人数的40.5%，仡佬族师生占总人数的38.5%，侗族师生总人数的占25%，土家族师生占20%，布依族师生占22.3%。

比较重视自己的民族身份的师生共计72人，占总人数的36%。其中，苗族师生占总人数的35.7%，仡佬族师生占总人数的41%，侗族师生占总人数的37.5%，土家族师生占总人数的40%，布依族师生占总人数的44.4%。

不太重视自己的民族身份的师生共计62人，占人数的31%。其中，苗族师生占总人数的23.8%，仡佬族师生占总人数的20.5%，侗族师生占总人数的37.5%，土家族师生占总人数的40%，布依族师生占总人数的33.3%。

② 非常了解本民族的风俗文化的师生共计22人，占总数的11%。其中，苗族师生占总人数的9.5%，仡佬族师生占总人数的总人数的12.8%，侗族师生占总人数的12.5%，土家族师生占总人数的6.7%，布依族师生占总人数的11.1%。

比较了解本民族的风俗文化的师生共计71人，占总人数的35.5%。其中，苗族师生占总人数的60.2%，仡佬族师生占总人数的25.7%，侗族师生占总人数的29.2%，土家族师生占总人数的20%，布依族师生占总人数的27.8%。

略知一二、不太了解本民族风俗文化的师生达107人，占总人数的53.5%。其中苗族师生占总人数的30.3%，仡佬族师生占总人数的61.5%，侗族师生占总人数的58.3%，土家族师生占总人数的73.3%，布依族师生占总人数的 61.1%。

③ 非常愿意参与民族节日活动的师生共计 180 人，占总人数的 90%。其中，苗族师生占总人数的 92.9%，仡佬族师生占总人数的 89.9%，侗族占师生总人数的 87.5%，土家族师生占总人数的 96.6%，布依族师生占总人数的 88.9%。

不愿意参与民族节日活动的师生共计 14 人，占总人数的 7%。其中苗族师生占总人数的 7.1%，仡佬族师生占总人数的 7.6%，侗族师生占总人数的 12.5%，土家族师生占总人数的 3.4%，布依族师生占总人数的 11.1%。

反对举办民族节日活动的，仅有仡佬族学生，共计 6 人，占总人数的 3%。

④ 积极协调处理少数民族师生矛盾的人数共计 138 人，占总数的 69%。

其中苗族师生占总人数的 64.3%，仡佬族师生占 71.8%，侗族师生占人数的 75%，土家族师生占总人数的 60%，布依族师生占总人数的 72.2%。

出现矛盾基本能进行好言相劝的少数民族师生占 62 人，占总人数的 31%。其中，苗族师生占总人数的 35.7%，仡佬族师生占总人数的 28.2%，侗族师生占总人数的 25%，土家族师生占总人数的 40%，布依族师生占总人数的 27.8%。

对矛盾置之不理的少数民族师生 0 人。

⑤ 非常了解民族政策的少数民族师生共计 18 人，占总人数的 9%。其中，苗族师生占总人数的 7.2%，仡佬族师生占总人数的 10.3%，侗族师生占总人数的 4.2%，土家族师生占总人数的 16.7%，布依族师生占总人数的 16.7%。

基本了解民族政策的少数民族师生共计 87 人，占总人数的 43.5%；其中苗族师生占总人数的 50%，仡佬族师生占总人数的 43.5%，侗族师生占总人数的 33.3%，土家族师生占总人数的 30%，布依族师生占总人数的 33.3%。

略知一二、不太了解民族政策的师生共计 95 人，占总人数的 47.5%。其中，苗族师生占总人数的 42.8%，仡佬族师生占总人数的 46.2%，侗族师生占总人数的 62.5%，土家族师生占总人数的 53.3%，布依族师生占总人数的 50%。

⑥ 在与其他民族交往过程中，不小心触犯了民族禁忌，会主动道歉的师生共计 200 人，占调查人数的 100%。

⑦ 认为民族同化现象是顺应历史发展的少数民族师生达 74 人，占总人数的 37%。其中，苗族师生占总人数的 40.5%，仡佬族师生占总人数的 35.9%，侗族师生占总人数的 41.7%，土家族师生占总人数的 33.3%，布依

族师生占总人数的 38.9%。

认为民族同化现象会导致民族特色淡化的少数民族师生共计 114 人，占总人数的 57%。其中苗族师生占总人数的 56.7%，仡佬族师生占总人数的 61.6%，侗族师生占总人数的 41.7%，土家族师生占总人数的 63.4%，布依族师生占总人数的 55.6%。

对民族同化感觉无所谓的少数民族师生共计 12 人，占总人数的 6%。其中，苗族师生占总人数的 2.3%，仡佬族师生占总人数的 2.5%，侗族师生占总人数的 16.6%，土家族师生占总人数的 3.3%，布依族师生占总人数的 5.5%。

⑧ 认为自己的民族肯定是中华民族的一员的师生共计 183 人，占总人数的 91.5%。其中苗族师生占总人数的 95.4%，仡佬族师生占总人数的 92.4%，侗族师生占总人数的 87.6%，土家族师生占总人数的 96.7%，布依族师生占总人数的 95%。

认为不是中华民族一员，只是自己的民族的少数民族师生共计 9 人，占总人数的 4.5%。其中，苗族师生占总人数的 2.3%，仡佬族师生占总人数的 2.5%，侗族师生占总人数的 4.1%，土家族师生占总人数的 3.3%。

认为"不好说"的少数民族师生共计 8 人，占总人数的 4%。其中，苗族师生占总人数的 2.3%，仡佬族师生占总人数的 5.1%，侗族师生占总人数的 8.3%，土家族师生占总人数的 0%，布依族师生占总人数的 5%。

⑨ 认为贵州现在的民族关系非常好的少数民族师生共计 49 人，占调查人数的 24.5%。其中，苗族师生占总人数的 26.1%，仡佬族师生占总人数的 23.1%，侗族师生占总人数的 20.9%，土家族师生占总人数的 23.4%，布依族师生占总人数的 22.3%。

认为贵州现在的民族关系较好的少数民族师生共计 112 人，占总人数的 56%。其中，苗族师生占总人数的 57.3%，仡佬族师生占总人数的 59%，侗族师生占总人数的 58.3%，土家族师生占总人数的 53.3%，布依族师生占总人数的 61.1%。

不了解贵州民族关系现状的少数民族师生共计 39 人，占总人数的 19.5%。其中，苗族师生占总人数的 16.6%，仡佬族师生占总人数的 17.9%，侗族师生占总人数的 20.8%，土家族师生占总人数的 23.3%，布依族师生占总人数的 16.6%。

⑩ 倾向于不同族属都可以成为朋友的师生共计 145 人，占总人数的 72.5%。其中，苗族师生占总人数的 81.1%，仡佬族师生占总人数的 74.5%，侗族师生占总人数的 75.1%，土家族师生占总人数的 66.8%，布依族师生占总人数的 72.3%。

认为本民族成分可以成为自己的朋友的师生共计 17 人，占总人数的 8.5%。其中，苗族师生占总人数的 4.7%，仡佬族师生占总人数的 5.1%，侗族师生占总人数的 8.3%，土家族师生占总人数的 6.6%，布依族师生占总人数的 16.6%。

认为其他民族才可以成为自己的朋友的师生共计 9 人，占总人数的 4.5%。其中，苗族师生占总人数的 7.1%，仡佬族师生占总人数的 2.5%，侗族师生占总人数的 4.1%，土家族师生占总人数的 3.3%。

从没想过这个问题的师生达 29 人，占总人数的 14.5%。其中，苗族师生占总人数的 7.1%，仡佬族师生占总人数的 17.9%，侗族师生占总人数的 12.5%，土家族师生占总人数的 23.3%，布依族师生占总人数的 11.1%。

⑪更喜欢中华民族传统节日的少数民族师生达 135 人，占总人数的 67.5%。其中，苗族师生占总人数的 66.7%，仡佬族师生占总人数的 64.1%，侗族师生占总人数的 54.2%，土家族师生占总人数的 66.7%，布依族师生占总人数的 72.3%。

更喜欢洋节的少数民族师生共计 10 人，占总人数的 5%。其中，苗族师生占总人数的 2.3%，仡佬族师生占总人数的 5.1%，侗族师生占总人数的 12.5%，布依族师生占总人数的 5.6%。

既喜欢我国传统节日，也喜欢洋节的师生共计 46 人，占总人数的 23%。其中，苗族师生占总人数的 28.7%，仡佬族师生占总人数的 25.7%，侗族师生占总人数的 29.2%，土家族师生占总人数的 30%，布依族师生占总人数的 16.6%。

什么节日都不喜欢的师生共计 9 人，占总人数的 4.5%。其中，苗族师生占总人数的 2.3%，仡佬族师生占总人数的 5.1%，侗族师生占总人数的 4.1%，土家族师生占总人数的 3.3%，布依族师生占总人数的 5.5%。

⑫认为保留民族文化优秀传统非常有意义的师生共有 166 人，占总人数的 83%。其中，苗族师生占总人数的 92.9%，仡佬族师生占总人数的 84.7%，侗族师生占总人数的 79.2%，土家族师生占总人数的 86.7%，布依族师生占总人数的 88.9%。

认为保留民族文化优秀传统比较有意义的师生共有 28 人，占总人数的 14%。其中，苗族师生占总人数的 4.8%，仡佬族师生占总人数的 12.8%，侗族师生占总人数的 12.5%，土家族师生占总人数的 13.3%，布依族师生占总人数的 11.1%。

觉得说不清的师生共有 6 人，占总人数的 3%。其中，苗族师生占总人数的 2.3%，仡佬族师生占总人数的 2.5%，侗族师生占总人数的 8.3%。

⑬看到五星红旗在奥运赛场上冉冉升起而感到很自豪的师生共有167人，占总人数的83.5%。其中，苗族师生占总人数的97.6%，仡佬族师生占总人数的87.3%，侗族师生占总人数的75%，土家族师生占总人数的90%，布依族师生占总人数的88.9%。

觉得有一点感动的师生共有28人，占总人数的14%。其中，仡佬族师生占总人数的10.2%，侗族师生占总人数的20.8%，土家族师生占总人数的10%，布依族师生占总人数的11.1%。

觉得没感觉的师生共有5人，占总人数的2.5%。其中，苗族师生占总人数的2.4%，仡佬族师生占总人数的2.5%，侗族师生占总人数的4.2%。

⑭在问卷调查中，有146名师生对出言不逊、诋毁中国的言论感到很生气，并会据理力争，占总人数的73%。其中，苗族师生占总人数的71.5%，仡佬族师生占总人数的76.9%，侗族师生占总人数的70.8%，土家族师生占总人数的83.4%，布依族师生占总人数的55.6%。

会生气，但不采取行动的师生共有46人，占总人数的23%。其中，苗族师生占总人数的26.2%，仡佬族师生占总人数的23.1%，侗族师生占总人数的29.2%，土家族师生占总人数的16.6%，布依族师生占总人数的27.8%。

会无动于衷或附和言论观点的师生共有8人，占总人数的4%。其中，苗族师生占总人数的2.3%，布依族师生占总人数的16.6%。

⑮认为实现中国梦与自己的民族有密切关系的师生共有149人，占总人数的74.5%。其中，苗族师生占总人数的80.9%，仡佬族师生占总人数的71.8%，侗族师生占总人数的66.7%，土家族师生占总人数的73.4%，布依族师生占总人数的66.7%。

认为中国梦和自己的民族有一定关系的师生共有45人，占总人数的22.5%。其中，苗族师生占总人数的14.3%，仡佬族师生占总人数的23.1%，侗族师生占总人数的29.2%，土家族师生占总人数的26.6%，布依族师生占总人数的27.8%。

认为中国梦和自己的民族无关的师生共有6人，占总人数的3%。其中，苗族师生占总人数的4.8%，仡佬族师生占总人数的5.1%，侗族师生占总人数的4.1%，布依族师生占总人数的5.5%。

二、访谈

（一）访谈设计

访谈问题的设计紧密结合调查目的，有效弥补问卷只能选择已有答案的不足，通过开放式答案，进一步了解贵州高校少数民族师生在民族观念、民族认同与民族情感方面的状况。访谈问题涉及民族身份、民族风俗文化、民族传统节日、民族之间的交往、民族政策、自己的民族与中华民族之间的关系等方面的内容，对30名访谈者不设答案的选择，而是让访谈者根据问题谈出自己的想法。

（二）访谈情况汇总

接受访问人数共30人，其中女性受访者21人，占受访人数的70%；男性受访者9人，占受访人数的30%。苗族受访者12人，占受访人数的40%；土家族受访者5人，占受访人数的16.7%；布依族受访者4人，占受访人数的13.3%；仡佬族受访者5人，占受访人数的16.7%；侗族受访者3人，占受访人数的10%；回族受访者1人，占受访人数的3.3%。

经过课题组对访谈情况的汇总，得到如下结论。

1. 问：你是否重视自己的民族身份？

访谈对象中，非常重视的有18人，占受访人数的60%。他们都热爱着自己的民族，被本民族神秘的文化深深吸引；也喜欢自己的民族语言，喜欢本民族各种特色的节日。

比较重视自己的民族身份的有12人，占受访人数的40%。他们觉得现在的中国是一个统一的中国，没有必要过分强调民族身份。

◆访谈举隅

受访者：张婵

访谈时间：2013年4月16日下午2:00，地点：教学楼401

"我是苗族的，我很重视自己的民族身份，我热爱我的民族，我常常被我们的神秘文化深深吸引……我也喜欢自己的民族语言，喜欢本民族各种具有特色的节日。"

2. 问：你了解本民族风俗文化吗？

受访者中，对于自己的民族的风俗文化基本了解的有11人，占受访人数的37%。之所以是基本了解，那是因为部分风俗文化已经遗失，对于仍然保存的风俗文化，他们自己都很喜欢，有时也参与其中。

对本民族风俗文化略知一二的有19人，占受访人数的63%。因为平时接触太少，一般是通过父母亲的口头相传和自己的亲身经历得知，但亲身经历过少。

◆访谈举隅

受访者：马海燕

访谈时间：2013年4月17日下午5:00；地点：五号公寓

"对我们民族的风俗文化吧，我算是基本了解的……我就简单列举两三个我比较喜欢的节日吧，第一个是爬坡节，每到节日时，许多人就会上山祈福，祈福的目的是求平安、求发财、求姻缘等。第二个是二月二，每到农历二月二族人就会友好地聚集在一起准备丰盛的食物，其中以鸡蛋为主，把煮熟的鸡蛋染成各种颜色，还有制糯米饭团、剪纸花。我记得在家乡的时候，我们总是欢欢喜喜成群结队地去拜桥神……"

3. 问：如果遇到举办民族节日活动，你会参与吗？

访谈者中，认为自己会欣然参与的有30人，占受访人数的100%。他们都特别热爱本民族的风俗节日，每到举办民族节日活动时都很激动，会踊跃参加，与同族人交流，增强民族团结，加深民族感情。

◆访谈举隅

受访者：尹杨

访谈时间：2013年4月18日上午10:00；地点：教学楼808

"家乡举办的民族节日活动，只要我有时间，就一定会积极参加。我特别热爱本民族的风俗节日，每到举办民族节日活动的时候，我都会很激动，会迫不及待地踊跃参加，我喜欢与同族人交流，这样既能增强民族团结，也能加深民族感情。"

4. 问：如果汉族同学与少数民族同学发生矛盾时，你会做出什么举动？

会积极协调处理的有18人，占受访人数的60%。会好言相劝的有12人，占受访人数的40%。他们认为各民族都有自己的文化习俗，各民族之间应相互包容、相互尊重。和睦相处，互相学习才能使更多的人了解我国多民族的文化特色，才能使我国的民族文化得到发展。

◆访谈举隅

受访者：张芳

访谈时间：2013年4月22日中午12:00；地点：校园大道

"……这种时候，我肯定是要好言相劝的。每个民族都有自己的文化习俗，各民族之间应当相互包容、相互尊重……其实，各退一步就能够海阔天空，和睦相处嘛。我觉得我们（各民族）之间应当相互学习各民族文化，多了解其他民族，使我们国家的民族文化得到更好的发展。"

5. 问：你了解国家目前的民族政策吗？

访谈者中，略知一二的有22人，占受访人数的73.3%。了解最清晰的就是少数民族高考加分政策、民族团结、民族共同繁荣等基本民族政策。

不太了解民族政策的有8人，占受访人数的26.7%。这部分访谈者直言，平时没有关注到民族政策问题，经过这次访谈后会去关注。

◆访谈举隅

受访者：罗慧芝

访谈时间：2013年4月23日中午12:00；地点：综合楼302

"国家目前的民族政策？我只能说是略知一二吧！最了解的就是高考给少数民族加分的政策，呵呵，我就是其中的受益者……我深切地感受到了国家对少数民族的关爱！"

6. 问：在与其他民族交往时，不小心触犯了民族禁忌，你将怎么做？

访谈者中，认为应当主动道歉的有30人，占受访人数的100%。他们觉得触犯民族禁忌的原因是对这个民族的不了解，因此有必要学习了解其他民族的风俗文化，同时要尊重所有民族的习俗，这样才能使各民族相互尊重。

◆访谈举隅

受访者：黄龙

访谈时间：2013年4月26日晚上9:00；地点：三号公寓

"如果真的是不小心触犯了别人的民族禁忌，那肯定是要主动道歉了！我觉得，我可能还会因此去认真学习了解该民族的风俗文化，以后就知道怎么尊重他们的民俗习惯了，因为我自己也希望他们了解我们的民族风俗文化，我们也一样希望得到其他民族的尊重啊。"

7. 问：你认为少数民族中的各个民族是中华民族的一员吗？

这个问题得到了访谈者的全部认可，即100%的受访者认为中华民族是一个大家庭，她本身就是由各个民族组成的，虽然各民族文化存在差异，但民族意识是一致的，每个少数民族都是中华民族的一员。

◆访谈举隅

受访者：万雁旭

访谈时间：2013年5月6日晚上6:00；地点：第一食堂

"少数民族中的各个民族肯定都是中华民族的一员呀！我是仡佬族的，我从来没有认为我的民族不属于中华民族啊！我们国家是一个多民族的国家，虽然民族文化存在差异，但民族意识是一致的，我们都是中华民族的儿女。"

8. 问：你最愿意选择哪种民族成分的同学作为你的同寝室朋友？

访谈者中，认为任何民族都可以成为自己的寝室朋友的有22人，占受访人数73.3%。他们认为各民族住在一起比较利于相互了解。

只有2人认为寝室朋友最好和自己是同一个民族，占受访人数的6.7%。他们觉得本族人有相同的生活习惯，利于相处。

还有3人认为寝室朋友最好是其他民族的，占受访人数的10%。因为跟其他民族同学住在一起可以了解更多民族的文化。"

还有3人没有想过这个问题,占受访人数的10%。觉得和哪个民族的人住在一起都一样,只要人好相处就行了。

◆访谈举隅

受访者:唐婕

访谈时间:2013年5月7日中午12:00;地点:教学楼404

"我认为任何民族的同学都可以做我的室友,我觉得跟其他民族的同学住在一起还可以了解更多其他民族的文化,比如了解其他民族的生活习惯、节日等,这样便于和他们友好相处。"

9. 问:你更喜欢民族传统节日还是"洋节"?

访谈者中,认为更喜欢传统节日的有17人,占受访人数的56.7%。传统的节日能体现本民族的特色,增强民族凝聚力。比如春节时,苗族人会穿上自己自制的服饰,在一起跳苗舞、唱苗歌、看各种特色活动,还有少男少女对唱情歌。觉得两样都很好的有13人,占受访人数的43.3%。都觉得传统节日与"洋节"各有所长,各有特色。

◆访谈举隅

受访者:罗孝林

访谈时间:2013年5月8日下午2:00;地点:校团委

"如果在民族传统节日和洋节之间做选择,我觉得自己更喜欢传统节日,因为传统节日能体现本民族的特色,增强民族凝聚力。我们苗族人过春节时,会穿上自己自制的服饰,在一起跳苗舞、唱苗歌、开展各种特色活动,还有青年男女对唱情歌……"

10. 问:当你看到五星红旗在奥运赛场上冉冉升起时会感到骄傲和自豪吗?

感到很自豪的有24人,占受访人数的80%。觉得每当看到红旗飘扬时,心中就会莫名的感动,认为这是自己国家的荣誉。只是有一点感动的有6人,占受访人数的20%。因为自己很少关注奥运比赛。

◆访谈举隅

受访者:陈炜

访谈时间:2013年5月9日晚上7:00;地点:五号公寓

"我每次在电视上看到五星红旗在奥运赛场上冉冉升起时,就会觉得很自豪!每当看到红旗飘扬时,心中就会莫名的感动,听着国歌激昂的旋律时,我仿佛看到当年红军奋勇杀敌保卫祖国的场面,内心无比震撼,发自肺腑地敬佩这些英雄。那个时刻,我深深地感受到了和平的宝贵……我们一定要珍惜先辈给我们创建的和谐家园，和谐的国才有和谐的家。"

11. 问：如果有人因为对社会不满，便出言不逊、诋毁中国时，你会怎样？

会生气并会据理力争的有20人，占受访人数的66.7%。大家觉得在某些方面国家不可能做到绝对的公平，难免产生差距，但是总体还是好的，我们不应该出言不逊，说国家的不是。会生气但不会采取行动的有10人，占受访人数的33.3%。大家觉得没必要与其他人发生冲突。

◆访谈举隅

受访者：文冲

访谈时间：2013年5月16日中午12:00，地点：教学楼503

"（如果有人因为对社会不满，便出言不逊、诋毁中国），我会很生气这样的行为，因为我们的国家还在发展中，不可能做到尽善尽美、绝对公平，差距还是会有的，与其他国家相比，我们国家还是比较好的，我们要热爱自己的祖国。"

三、座谈会调研

课题组组织部分贵州高校少数民族师生，召开座谈会，共同探讨如何"挖掘贵州红色文化底蕴之根，拓展高校民族学生团结之路"。

在座谈会上，与会者不仅在民族问题上多有探讨，而且对红色文化对民族团结的教育启示、途径意义都有所涉及，为课题的后续研究拓宽了思路。座谈者表达了对我国民族事业发展的关心，对民族文化的继承、发展充满期待的炙热情感。

有座谈者谈到："贵州，因有'十里不同天，一山不同族'的多民族文化聚集而灿若云锦；遵义，因有'转折之城，会议之都'的红色文化美誉而蜚声中外。作为贵州高校，应当充分利用这些得天独厚的区位优势，并结合在校学生的实际开展丰富多彩的民族活动，让红色文化与民族教育融为一体。"

有座谈者认为，对民族团结的教育有助于"培养贵州高校学生热爱祖国、团结人民、感怀贵州的思想和情操，进而实现我们的'贵州中国梦'"。

与会座谈者们同时也提出了很多可贵的建议。他们都认为中国是统一的多民族国家，其民族构成及民族文化的多样性值得我们认真研究。高等学校传授知识和传递文化的载体，同时也是一个促进民族交流、文化交融的所在，高校教育应当超越不同的地域和民族，应当是民族多元文化的集结地，而在这个集结地，又能纳入贵州红色文化，使得两者相互发展，相得益彰，有效结合，文化的发展将促进教育的发展，高校少数民族师生的民族团结教育将不再是难事。社会的发展和竞争都需要中国各民族的团结，需要通过中华民族这个共同体来实现中国各民族的团结。团结的基础首先是尊重，只有在各民族相互尊重的前提下，才可能相互学习、相互进步。因此，充分利用高校教育的阵地，开展民族团结教育，对于培育中华民族的统一观念和民族情感有着重要意义。

附件：座谈会纪要

会议主题：挖掘贵州红色文化底蕴之根，拓展高校民族学生团结之路

会议时间：2013年5月17日下午5：00

会议地点：遵义师范学院团委会议室

会议主持人：唐露萍

参会人员：分别来自遵义师范学院、遵义医专、黔南民族师范学院、毕节学院、贵州师范大学、贵州民族大学等高校的各个民族师生代表，共计48人。

记录人：谢聪

发言内容概括性纪要

① 贵州是少数民族占全省人口比重最多的省份之一，仅次于邻省云南省。长期以来，全省少数民族与汉族人民在生活上和睦相处，在文化上相互尊重，在情感上相互信任。当前，少数民族政治经济文化等各方面都取得了很大的进步，而贵州高校少数民族学生人口逐年增加，这就给贵州高校少数民族师生民族观念、民族认同及民族情感的教育带来了很大的契机，也是探讨贵州高校少数民族教育方法和范式的关键时期。

② 贵州高校应当拓宽大学生了解民族文化的渠道。大学作为高素质人才的聚集地，大学生作为我国未来经济社会建设的骨干力量，如果大学生对少数民族文化不了解，今后在工作中就会遇到很大的困难。因此，学生在校园学习期间就应该多接触了解这些民族文化，充分利用校报、校广播站等校园媒体，耳濡目染地受到影响。

③ 贵州高校可以考虑将贵州的各民族文化知识整理后出版成书籍。少数民族文化知识具有散落性，如果将少数民族文化知识系统整理后出版成各类读物，使之形成学习各民族文化的课程资源，这对大学生继承和发扬优秀的民族文化具有重要作用和意义。

④ 学校应该鼓励学生创建红色文化与少数民族相关联的社团，通过社团

开展一些文化交流会、文化展示会，让更多的师生了解不同的民族习俗和文化特色。

⑤红军长征经过贵州，途经最多的是农村地区，当然也包括少数民族聚居地。这也必然会有一些美好故事流传下来，我们可以寻找、了解这些故事的主人公，还可以召开座谈会交流调查结果，促使各民族学生深入了解自己的民族和其他民族在那个特殊时期所塑造的红色文化。贵州高校各个民族的学生都应当了解先辈的历史，了解红色文化的真正内涵。在红色精神的指引下，让各个民族的学生团结一致，为学校的建设、社会的建设付出自己的力量。

⑥高校还可以就采风、体验式学习的方式，让少数民族地区的同学担当导游，组织同学们到各民族聚居区去亲身体验，这样可以更直观、更有效地了解各民族文化和风土人情，同时也能锻炼同学们的综合能力，对民族团结、贵州多彩风光也能起到很好的宣传作用。这对学生的德、智、体、美、劳全面发展也是有促进作用的。

⑦贵州的红色景点和民族风情观光点相对分散，有一个正确的路线图是关键。贵州高校或相关部门可以为学生提供一些关于红色或民族地区旅游的路线、书籍、地图等，让他们既能了解贵州，也能宣传贵州。

⑧今天座谈会上大家论及的这些内容，既是挖掘贵州红色文化底蕴之根，进一步拓展高校民族学生团结之路的方法和策略，同时也是高校应当考虑纳入规划的新的工作任务，这些工作的完成既能促成红色文化和民族特色的宣传，也能增强红色文化对高校少数民族师生的民族观念、民族认同和民族情感的教育作用，深化其教育意义。

第三节 贵州高校少数民族师生民族观念、民族认同与民族情感现状的基本评估

贵州高校少数民族师生民族观念、民族认同与民族情感现状的调查以及调查结果的汇总情况，反映出贵州省的民族关系状况，以及贵州高校少数民族师生对民族文化和民族关系的关注，同时也成为我们判断贵州高校少数民族师生是否具有正确的民族观念、民族认同感和民族情感的重要依据。高校师生是先进文化的重要代表，他们对本民族的文化、中华民族文化的认同度直接影响到民族团结和平等发展的稳定大局。从总的情况来看，贵州高校少数民族师生对民族观念、民族认同与民族情感的看法是较为乐观的，但也不乏个别问题，具体分析如下。

一、贵州高校少数民族师生的民族观念

从上述调查汇总结果可以看出,贵州高校少数民族师生的民族观呈现出如下特征。

(一) 具有较为理性的民族观念和民族意识

贵州高校少数民族师生在关于民族观念的调查中呈现出理性化的特点。他们对民族问题很关注,这种关注的前提是尊重其他民族,而不是盲目、狭隘的民族主义。比如,在与其他民族师生"发生矛盾时",69%的少数民族师生会积极协调处理,31%的少数民族师生会好言相劝,没有一人置之不理。又如,问及哪种少数民族成分能够成为自己的朋友时,72.5%的少数民族师生认为任何一种民族成分都可以成为朋友。非常愿意参与民族节日活动的师生占总人数的90%。这些数据都显示了贵州高校教育对于少数民族师生在民族观念的影响方面是正极发展的。也正是因为教育的作用,使得贵州高校少数民族师生能有较为理性的民族观念和民族意识。

(二) 具有较强的中华民族情怀

我国是一个历史悠久的统一多民族国家,贵州省,也是一个多民族的省份。因此,加强国情和省情教育一直是贵州高校思想政治教育的重中之重。贯穿于思想政治教育中的爱国主义教育包含了对中华民族的教育,对民族团结的教育。在调查中,"认为自己的民族肯定是中华民族的一员"的少数民族师生占总人数的91.5%,绝大多数少数民族师生对祖国有着饱满的热爱情怀,"看到五星红旗在奥运赛场上冉冉升起时会感到很自豪"的少数民族师生占总人数的83.5%。有74.5%的少数民族师生认为"实现中国梦与自己的民族有密切关系"。这些调查数据显示,贵州高校少数民族师生对祖国怀着深深的热爱之情,而这些调查对象正代表了贵州高校少数民族师生的主流。在问及听到或在网上看到"出言不逊、诋毁中国的言论时",有73%的少数民族师生感到很生气,并会据理力争,另有23%的少数民族师生虽然不采取行动,但深感生气。这个数据也显示了少数民族师生维护中华民族利益、具有中华民族的爱国情怀的真切体现。

(三) 具有较为真切的本民族关注感

从调查数据看出,贵州高校少数民族师生对本民族的民族身份、民族文

化、民族政策等并不是很了解。其中，31%的少数民族师生"不太重视自己的民族身份"，53.5%的少数民族师生"略知一二、不太了解本民族风俗文化"，仅有9%的少数民族师生"非常了解民族政策"。这些数据都显示了贵州少数民族特性的弱化现象，虽然这些现象存在，但是并没有影响贵州高校少数民族师生对本民族的关注度和对本民族文化的发展的关注度。在问及"保留本民族文化优秀传统是否有意义时"，83%的少数民族师生认为非常有意义。由此可见，虽然在历史发展的潮流下，有的少数民族的语言特色、地域特色等在融合中有所削弱，但是，贵州高校少数民族师生心中仍然有自己的民族意识，渴望本民族的文化得以继承和发展。

二、贵州高校少数民族师生的民族认同感

（一）对民族认同感的认识较为模糊

在访谈过程中，近一半调查者对民族认同感的认识是较为模糊的。谈及民族认同感，就要谈及"民族"的定义。在20世纪50年代初期，我国进行民族识别时，参照了斯大林的民族定义："民族是人们在历史上形成的一个有共同语言、共同地域、共同经济生活以及表现在共同文化上的共同心理素质的稳定的共同体。"[①] 20世纪90年代，费孝通先生"总结多年的研究思考，提出了中华民族多元一体格局的观点。他认为，几个世纪以来，中国的各个民族一直共同生活在一起。因此，欧洲中心主义的民族国家定义并不适合中国的国情。中华民族的形成是一个双向过程：在自下而上的过程中，中华民族的历史是将不同的民族文化、社会群体纳入一种高层次秩序的历史；在自上而下的过程中，高层次的秩序从未排斥低层次的民族文化系统。在中华民族与自身所容纳的'其他文化'之间从来就没有明确的分界线。"[②] 费孝通将斯大林提及的"共同心理素质"解释为"民族认同感""民族自觉的认同意识"，使得我们对民族的概念有了更为清晰的认识。

（二）对民族的辨识度不太清晰

调查结果显示，绝大多数调查者对民族的辨识度不太清晰，不知道也不清楚如何辨识自己的民族。这与历史、文化、心理的发展是有关的。对于民

---

① 斯大林：《马克思主义和民族问题》中央编译局译，人民出版社1963年版，第8页。
② 费孝通：《简述我的民族研究经历和思考》，《北京大学学报》（哲学社会科学版）1997年第2期。

族而言，基于共同文化的自觉认同是最为重要的，也是体现一个民族共同体的关键之处。各个民族之所以具有不同的文化特点，是因为他们的生活地域的不同。不同的生活地域给予了各个民族不同的生活条件、生活环境，这些构成要素正是文化生成的重要因素。"文化—心理"的过程是一个共同体思想意识领域形成的过程。同属一个民族成份的人们，会有一种亲近感和文化认同感，这也是这个民族的人们共同的一种心理表现。这种心理表现是人内在的外显，同时也是客观存在的。同一个民族的人们根据本族人的生活经验而逐渐丰富自己的心理世界，他们即便丧失了共同的地域或语言，其民族的文化依然会传承，或内隐于心理，这就是共同的思想意识在发生作用，这种作用同时也产生了民族文化认同感。文化认同感维系着很多的民族。同样，文化认同感一旦消失，这样的民族也将会消失。我国历史上的一些少数民族，最终融入主体民族汉族的原因是多样的，自身民族意识、民族认同的淡漠亦是重要的一方面。而另一些少数民族的文化认同感相对具有延续性，他们大多都与汉族在语言、生活习俗等方面近似，但是他们仍旧有着较强的对本民族的文化认同感。

任何一个群体的民众，在相互的交往过程中，都会有"求同"或"求异"的定势心理。各民族之间的交往，除了通过长相、皮肤、头发等生理特征来辨认、观察，还会通过语言、宗教信仰等精神层次的考察来发现"或同""或异"的各种特征，进而辨析是否为同一民族。这样的辨析过程中，对民族的认同感自然会加强。由于贵州有很多少数民族在长相、皮肤、头发等生理特征上并无异议，只有在生活环境、风俗习惯上还保留着自己的特色，能通过这样的辨识获知是否为本民族成分，此外，也无更大差别。因此，在调查中，出现31%的少数民族师生并不重视自己的民族身份的现象，以及53.5%的少数民族师生对本民族的文化不太了解，仅仅是略知一二。因此，在对本民族的辨识度上，贵州高校少数民族师生渴望了解自己的民族，也渴望让别的民族了解自己的民族。

三、贵州高校少数民族师生的民族情感

（一）中华民族情感高于本民族情感

调查结果显示，贵州高校少数民族师生对中华民族具有较为明显的民族情感。比如，在问及"自己的民族是否是中华民族的一员"时，得到了91.5%的少数民族师生的认可。而对于自己的民族成分的关注度，只有三分

之一的少数民族师生非常重视，这种对中华民族的归属感充分体现了贵州高校少数民族师生的大民族观和中华民族情感。

这是贵州高校的爱国主义教育开展得比较好的一个重要体现。爱国主义总是与民族情感结合在一起的，如果民族情感仅仅只是体现在对本民族的热爱上，漠视其他民族，产生本民族的优越感和以自我民族为中心的现象，就会妨碍民族团结，不利于社会的发展和进步。只爱本民族，这是一种狭隘的民族情感，不利于各族文化的交流与发展，我们所需要的是中华大家庭里，各个民族的同舟共济、和睦相处。所幸，通过调查了解到，贵州高校少数民族师生的民族情感是建立在爱国主义精神之上的一种民族情感，是一种高于本民族情感的大民族情感，是中华民族的民族情感。

（二）对本民族发展的牵挂之情明显

贵州高校少数民族师生对于本民族的了解程度和认知程度都较浅，这将导致少数民族文化的传承受到威胁，而文化是情感抒发的载体，一旦文化缺失，这个民族的民族情感也将受到缺失的威胁。因此，57%的少数民族师生忧心于民族同化现象，认为民族同化现象将会导致民族特色淡化，民族情感缺失的后果。从这些调查结果显示，贵州高校少数民族师生对本民族的热爱之情并未随着历史的进步、社会的发展而退化，相反，希望通过自己的学识宣传自己的民族，让本民族在中华民族的发展中发挥作用、贡献力量，这即是他们更向往实现的"中国梦"。

通过本次调查，我们对贵州高校少数民族师生的民族观念、民族认同和民族情感现状有了明晰的认识。在下一个章节中，我们将根据调研的内容，结合高校的实际，运用红色文化资源，对贵州高校民族团结教育提出可行性意见和创新性的途径、方法，以期对高校民族团结教育有所帮助。

第三章 利用地方红色文化资源加强贵州高校民族团结教育的途径与方法探索

中华民族的精诚团结和携手共进是爱国主义的应有内涵,加强高校民族团结教育是当前贵州高校思想政治教育的重点。红色文化资源对于加强贵州高校民族团结教育有着重要作用和意义,但是,怎样利用好红色文化资源,使之成为加强高校民族团结教育的有效载体,这是本课题研究的落脚点。通过对贵州红色文化与高校民族团结教育的关联性、整合情况和创新方法等的研究,将课堂教学、实践教学、师生科研、党校团校教育、红色文化活动和网络宣传、重大节日纪念活动、民族团结活动、日常思想政治教育、建立红色社团等教育路径运用到高校民族团结教育中,使红色文化资源在民族教育中得到有效运用。

第一节 贵州红色文化资源与高校民族团结教育的关联性

一、贵州红色文化资源有助于高校民族团结教育的实证性

如何有针对性地开展高校民族团结教育,是高校思想政治教育工作亟待思考的重要问题。贵州有着丰富的红色文化资源,红色文化具有深远的教育意义,运用红色文化资源进行高校民族团结教育,有助于提升教育的实证性。

红色文化主要是在革命战争年代,由中国共产党人、先进分子和人民群众共同创造并极具中国特色的先进文化,蕴含着丰富的革命精神和厚重的历史文化内涵。它包含精神和物质两种形态。精神形态的红色文化包括革命战争年代和社会主义建设实践中所形成的井冈山精神、长征精神、延安精神、焦裕禄精神、大庆精神、雷锋精神,以及改革开放时期的抗洪精神、青藏铁路精神、抗震救灾精神、北京奥运精神等,蕴涵着爱国为民、坚定信念、艰苦奋斗、实事求是、不怕牺牲、敢于胜利等精神,这些精神是新民主主义文

化和社会主义文化的精髓,是中华民族精神的升华,是社会主义先进文化的重要渊源。物质形态的红色文化是反映这些革命精神的载体,通俗地讲,也就是红色文化资源,它包括革命遗迹、文物、博物馆、纪念馆、展览馆、烈士陵园等,其直观形象,具有较强的熏陶渲染性和实践教育性。[①]

红色文化资源具有强大的思想政治教育价值与德育功能。进行民族团结教育的主要阵地是高校,进行民族团结教育的主要对象是当代大学生。高校民族团结教育的成效,对高校校园的和谐稳定和大学生综合素质的提高有直接关系,也对整个社会的稳定和国家的长治久安产生重大影响。贵州红色文化资源是丰富的、底蕴深厚的思想政治教育素材。根据马克思主义的观点,文化就是人化、人的本质的对象化。不管是广义或是狭义的红色文化,它们都具有重大的思想政治教育价值与强大的德育功能。红色文化中的每一件珍贵文物、每一处革命遗址、每一个革命事件、每一种革命精神、每一部经典作品,都在以无可辩驳的事实展示着中国共产党和革命群众英勇斗争的光辉历史,都在以不容置疑的证据诠释着中国共产党和革命群众热爱祖国、依靠人民、无私奉献、艰苦奋斗的思想道德境界。红色文化既是历史的,又是现代的;既是物质的,又是精神的。因此,我们要充分运用贵州红色文化资源来提升思想政治教育的针对性和实证性。

二、贵州红色文化资源有利于增强民族认同感

《关于进一步加强和改进大学生思想政治教育的意见》指出:加强和改进大学生思想政治教育要"以爱国主义教育为重点,深入进行弘扬和培育民族精神教育。深入开展中华民族优良传统和中国革命传统教育。开展各民族平等团结教育,培养团结统一、爱好和平、勤劳勇敢、自强不息的精神,树立民族自尊心、自信心和自豪感。"大学生是我国社会主义现代化建设的生力军、顶梁柱,是重要的人力资源。在高校思想政治教育中,利用红色文化形式多样化的特点,使广大青年学生在寓教于乐中受到润物细无声的熏陶,将爱国主义、集体主义、社会主义和民族精神融入民族团结教育工作中,让广大学生坚定爱国信念,增强爱国情感,能有效提高大学生的凝聚力、民族认同感和自豪感。

民族认同感就是民族共同意识,也就是民族认同性,也就是同一民族的

---

① 巍巍:《浅谈红色文化对高校思想政治教育工作的影响》,见王爱华主编的《红色青春励志行》,西南交通大学出版社 2012 年版。

人能够或是会感觉到大家是属于同一个共同体的自己人的这种心理。有些学者认为：民族认同是一个复杂的结构，它不但包括个体对群体的归属感，而且还包括个体对自己所属群体的积极评价，以及个体对群体活动的参与情况。民族认同感的核心部分就是个体对民族文化的认同。[①] 这里所指的民族文化是一个民族的发展历史，是各民族在其历史发展过程中创造的具有本民族特点的文化。包括物质文化和精神文化两个部分。饮食、衣着、住宅、生产工具是属于物质文化方面的内容。语言、文字、文学、科学、艺术、哲学、宗教、风俗、传统等属于精神文化方面的内容。

江泽民同志在党的十六大报告中指出："民族文化建设和文化体制改革的主要任务是牢牢把握先进文化的前进方向；坚持弘扬和培育民族精神"。党的十七届四中全会报告指出：要牢牢把握各民族共同团结奋斗、共同繁荣发展的主题。党的十八大报告在此基础上，强调要深入开展民族团结进步教育，促进各民族和睦相处、和衷共济、和谐发展。这些精神说明了文化对民族团结教育的重要意义。同时也为文化工作者和人文学科知识分子提供了一个研究方向和努力方向。高校师生在这样的大环境之下，有责任有义务找寻红色文化与民族文化的关联点，进而有针对性地开展在红色文化视角下的民族团结教育工作。

红色文化有助于增强民族认同感。红军在遵义时，发出《总政治部关于瓦解贵州白军的指示》，多次提到"苗瑶弟兄红军赞助苗瑶民族解放""汉族弟兄与苗族弟兄一致配合起来"等团结少数民族的话语，尤其提到"对苗瑶士兵必须注意到他们的民族意识"，说明在红色文化中本身就具有民族团结教育的深远意义。[②] 在当时，诸如"红军是解放苗瑶少数民族的"[③]，这样的宣传语既是符合史情，又是红色文化与民族团结教育相结合的重要体现。因此，红色文化的精髓里包含了民族文化的成分，而民族文化中同样不可忽视红色文化的影子。可以说，在那个特殊的年代，红色文化是各民族团结一致共同缔造的文化。红色文化能增强各民族的包容性，而只有具有包容性的民族文化，才能不断地丰富和发展。因此，红色文化能够给予民族文化强大的生命力和生生不息的动力源泉，使得各族人民在吸收红色文化的同时，不断增强民族认同感，不断地获得传统文化的新力量。因此，红色文化资源也是民族

---

① 万明钢：《藏族大学生的民族认同》，《心理学报》2004年第1期。
② 参见遵义地区文化局革命文化史料征集办编的内刊《红军文化在遵义》，遵义市人民印刷厂承印，第10－11页。
③ 同上，第37页。

文化的资源，有利于增强民族认同感。

三、贵州红色文化资源有助于拓宽民族团结教育的渠道

红色文化是中华民族的优秀传统文化。贵州红色文化资源丰富，能有效拓宽民族团结教育的渠道。贵州是一个同时具有红色文化和少数民族文化的地区。特别是遵义地区，它的红色文化内容相当丰富，与其他地区相比更具有无可比拟的优越性。红军"四渡赤水出奇兵"，"遵义会议放光辉"，许多感人的红色故事至今仍被传颂，这些红色经典有利于高校培育红色文化氛围，加强思想政治教育。

民族团结教育旨在民族意识的培养。要在高校培养大学生的民族意识，就要让学生了解人类社会历史发展的多样性，认识和尊重各民族的文化传统；要让学生充分了解统一多民族中国发展的历史进程；关注今天各民族面临的共同问题。中华民族的形成是长期生活在一个国家内的各族劳动人民，在不断的接触和经济文化交流中彼此影响相互学习，各自吸收对方的优点和长处，从而引起民族差异的削弱，融合为一的过程。要引导学生正确认识在和平与发展主流中存在的民族分歧、民族矛盾；经济盲目发展带来的自然生态环境的恶化；文化多元化带来的价值混乱，信仰缺失等问题。作为大学生，只有具备了这种民族意识，进而升华为积极的民族情感、民族责任感，才能塑造健全的人格，积极自信、乐观豁达，成为符合社会和人民需要的栋梁之材；才能明白维护祖国和平和统一是各民族人民共同的历史使命。

红色文化有助于民族意识的培养。贵州是少数民族聚居地，复杂多样的少数民族文化占重要优势，有助于在高校建设更多的红色文化基地。在贵州的高校教育中，通过阅读红色经典、诵唱红色歌谣、编演红色剧目等方式，营造红色文化氛围，在红色文化的浸染下，让高校师生走进那个特殊年代，感受各个民族团结友爱、和谐一致共建家园的大文化，使得21世纪的不同民族的大学生在中华民族这个大家庭之中，回味历史时期中的"红、民"亲情，感受各民族大团结的巨大能量，体会红色文化为民族团结带来的教育震撼，相信这些"回味""感受""体会"……能形成新时代的正能量，在高校师生中传递、扩散，形成一股浓郁的气息，形成一个巨大的氛围，感染更多的新时代的少数民族师生，让更多的高校学子突破民族之界，为了实现"中国梦"而紧密地团结到一起。

第二节　贵州红色资源与高校民族团结教育的整合

贵州有着丰富的红色资源，这些资源中也有着丰富的民族团结方面的篇章，但是，这些资源如何有效地与高校的民族团结教育结合起来，我们在教育模式和教育的方式方法上应该作一些探索，应该有一些创新性。通过教育途径与方法的创新，突出红色文化资源与民族团结教育的整合，突出当代民族团结教育的创新特色和效果。除了传统的课堂教学外，我们还可以把党校教育、教育科研、红色网络、红色论坛、实践教学、校园红色文化、重大节日纪念活动、民族团结活动、日常政治教育等各方面综合起来，建立突出民族团结方面主题的红色基地等多方面的实践应用路径，开展高校的民族团结教育。

一、整合贵州红色文化资源中的民族团结内容，创建资源数据库

近些年来，随着信息技术的发展和推广应用，人们的交流和互动更加快捷，给我们的工作和生活都带来了很多的方便，这是社会进入信息化转型时期的一些特征。在信息化时代，各行各业的生产、服务、管理等方面的模式和方法都发生了很大的变化，对于高校的思想政治教育等方面的工作提出了新要求。如何把贵州的红色文化资源与高校的民族团结结合得更好，无疑应该在信息技术应用方面有更多的思考与实践，而不能老是囿于传统的思想政治教育方法。

基于这样的认识，本课题组认为，我们在贵州红色文化资源的利用方面，应该想到把贵州各地红色文化资源中的民族团结内容也进行整合，并广泛收集国内外关于红军长征的史料，形成图书资料齐全的红色文化资料中心，建立红色文化专题网站，搭建红色文化资源与高校民族团结教育的网络宣传平台，建设红色文化资源专业数据库，对其中的民族团结教育篇章进行分类整理，运用现代多媒体及网络手段，搭建资源网络共享平台，使这些宝贵的红色文化基础资料能为广大的研究者及师生所共享。

二、构建学科平台，加强贵州红色文化资源的学术研究

贵州高校可以依托长征文化的区位和资源优势，依托贵州省社科基地积

极开展红军长征与长征精神的教育与研究工作。通过对长征文化、中国共产党革命精神与文化资源的研究，获得了国家社科基金、教育部社科重大攻关等各种研究项目，进一步深化高校红色文化研究。应把研究的重点放在如何把红色文化与民族文化相结合、与民族团结教育相结合，把红色文化有形化和可视化，注入教学、科研和学生成长、成才上，真正做到理论联系实际，研究的成果能有效运用到大学生的思想教育当中。高校应当在红色文化的课题研究中提供充足的政策保障、资金保障、设备保障，协调创新的机制体制，全力以赴地抓好红色科研工作，有效推进社会主义核心价值体系建设。让红色文化贯穿学生的整个成长、成才过程，让红色文化不断滋养贵州高校，成为高校民族团结教育的不竭源泉。

（一）加强科研团队建设

围绕民族团结教育这一主题，紧紧依托贵州红色文化资源以及中国共产党革命精神与文化资源研究中心和红色文化研究中心这样的科研平台，确定相关研究课题，组建科研团队，建立协同创新机制体制。同时吸纳全国红色文化资源和研究力量，建成一个全面开放、深度合作、资源共享的协同创新平台，建成一支思想素质高、创新能力强、团结协作、充满活力的研究团队，积极吸收思想政治理论课教师参与到研究中来，促进研究成果向教学成果的转化。

（二）加强红色文化资源学术研究的对外沟通和交流

以中国共产党革命精神与文化资源研究中心、红色文化研究机构以及马克思主义学院等相关部门的协同创新，加强与贵州地方单位的合作研究，如遵义会议纪念馆、四渡赤水纪念馆、娄山关战役纪念馆、黔南深河桥抗战文化园、贵州黎平会议会址、瓮安猴场会议遗址等。采取走出去，请进来等方式，积极开展学术活动，召开各种形式的红色文化与大学生思想政治教育的研讨会、交流会，聘请相关专家到高校讲学，高校之间相互进行学术交流。发挥红色文化的资源优势，

三、结合地方社会发展，着力红色文化宣传品牌的打造与资源开发

（一）结合贵州红色文化资源的内容和特点，着力于长征精神与遵义会议精神宣传亮点的打造

江泽民在《纪念红军长征胜利六十周年大会上的讲话》指出：长征精神

"就是把全国人民和中华民族的根本利益看得高于一切,坚定革命理想和信念,坚信正义事业必然胜利的精神;就是为了救国救民,不怕任何艰难险阻,不惜付出一切牺牲的精神;就是坚持独立自主、事实求是,一切从实际出发的精神;就是顾全大局、严守纪律、紧密团结的精神;就是紧紧依靠人民群众,同人民群众生死相依、患难与共、艰苦奋斗的精神。"胡锦涛同志也指出:"长征是中国共产党领导中国人民英勇革命的壮丽史诗。只有铭记历史,特别是铭记我们党领导人民创造的包括长征在内的中国革命史,才能深刻了解过去、全面把握现在、正确创造未来。"红军长征中表现出的革命英雄气概已经突破了时代和国度的界限,在人类活动史上树立了一座无与伦比的丰碑。

红军长征在贵州期间召开的遵义会议,是红军长征中一个生死攸关的转折点,奠定了中国革命胜利的基础。遵义会议标志着中国共产党开始独立自主地解决中国革命和党内重大问题,在政治上走上成熟。"遵义会议前后,由于以毛泽东为代表的正确的政治、军事思想和路线逐渐取得支配地位,随着党深入民族地区,中共对民族问题的认识更加深刻,处理民族问题的政策更加务实"①。在进入遵义前,中共针对当地民族地区的实际,发出了一系列指示,强调做好民族工作的重要性。事实证明,遵义会议之后,党的民族工作更加务实和富有成效。据初步不完全统计,在长征途中,仅红一方面军和二、六军团在云贵川3省就有近20 000名各族青年加入到红军队伍。在黔西北苗、彝、土家、布依、回、白、汉等各族子弟参加红军的达五六千人②。

长征文化是中国共产党、中国工农红军创造的文化遗产,是中华民族宝贵的精神财富,是人类宝贵的文化遗产。以长征精神和遵义会议精神的大力弘扬和宣传为亮点,挖掘地方资源优势,对大学生进行民族团结教育是直观的和真切的,有利于他们正确的世界观、人生观、价值观的形成。

(二) 加大对贵州红色文化旅游资源的宣传和开发

1. 以新媒体为普及宣传手段,实现红色文化与民族团结教育的深入人心

可以充分利用网络优势,在高校青年学生中广泛开展红色文化的宣传。贵州红色文化资源丰富,但在高校青年学生中却知之不多,网络上的红色文化宣传内容数量较少。因此充分利用网络开展红色文化的宣传很重要。可以开辟网上专栏、论坛等,让更多的学生接受红色文化的熏陶和优良传统的教育,掀起网络红色文化活动的热潮,比如网络红色故事的征集和讲播,通过

---

① 谢东莉:《论遵义会议与党的民族理论和政策》,《遵义师范学院学报》2010年第6期。
② 苗族简史编写组:《苗族简史》,贵州民族出版社1985年版,第237-238页。

网络评选、投票加强宣传力度,让网络平台帮助红色文化得以薪火相传。

可以建立专门的红色文化网站,积极占领网络阵地。用积极乐观、健康向上的红色文化抵制不健康的网络文化,提高大学生的思想分辨防御能力。贵州高校应积极推进红色文化宣传网站的创建工作,要大力丰富网站内容,配备高素质的专业网站管理和建设人才,使红色网站成为高校民族团结教育的主阵地。

还可以创新运用网络中的新媒体对红色文化进行宣传。微博、微信等新媒体更新力度大、关注度高,通过"每天一微博"的方式上传红色故事、歌谣、诗歌、图片等方式,让红色文化徜徉于网络世界中,深入到每一个青年学生心中。

宣传内容要紧密结合史实,要充分考虑民族团结教育的针对性,使得新媒体的宣传有助于红色文化的学习,有助于加强民族团结教育。要让红色文化主动占领网络阵地,充分利用大学生易于接受、喜闻乐见的形式,在潜移默化中达到教育的目的。

2. 以各种形式集结出版红色文化作品,深化民族团结教育

贵州高校要充分利用红色文化资源优势和民族聚居、杂居优势,注意采集红色文化与民族文化相结合的故事、歌谣、图片、影音、创作文本等材料,并编辑成册,可以通过各种形式结集出版,并在各种宣传活动中,展示或发放红色文化作品,让红色文化的宣传无时不有,无处不在。另外,与有关教育行政部门联合,编写大学选修课教材,与大学生的思想政治理论课相配合,开展形象而生动的思想政治教育。

作品的采集、收编和文本的设计,都要充分考虑新时期的高校青年学生的身心特点和爱好,用形象生动的红色文化教育形式进行民族团结教育,让学生们易于接受。

3. 结合地方社会,加大对贵州红色文化资源的旅游开发

贵州是一个少数民族聚集的省份,在红军长征前期,共经过贵州61个县,涉及全省9个市(州、地),是红军长征期间转战时间最长的省份。在这里中国共产党加强与各民族的团结,努力改善与各民族的关系,把各少数民族争取解放的斗争纳入到中国革命的发展轨道,召开了著名的黎平会议、遵义会议,进行了举世瞩目的四渡赤水战役等,留下了丰富的历史文物和革命遗址,如重要的会议会址、重要战斗遗址、红军领袖住地遗址、红军机关驻地遗址、红军标语、红军使用的武器和物品等。但是,随着经济开发和城镇建设步伐的加快,许多没有开发的红军文物和遗址面临着消失的危险。因此,通过研究论证,确定这些文物与遗址的历史价值和现实意义,提出保护与开

发的意见。对于已经开放的红军遗址,充分发掘其历史价值和历史意义,提出保护性开发的意见和建议。贵州是西部欠发达地区,贵州红色文化资源的开发与利用,可以为地区经济社会发展提供平台和支持。同时,通过对长征文化资源的保护、开发和利用,对于整理和利用好这一珍贵的文化资源,使精神财富转化为物质财富,推动区域经济发展,带动革命老区经济社会协调发展,具有重要的现实意义和深远的历史意义。

四、结合高校教育教学工作,全方位、多渠道利用红色文化资源开展民族团结教育

(一)以红色文化课程建设强化民族团结教育

贵州高校要充分依托红色文化资源的优势,抓好学科建设,完善红色文化与民族团结教育教学理论体系,使之最大可能地指导实践。红色文化资源的内容十分丰富,每一处红色遗迹、每一件红色文物、每一个红色故事都是鲜活的教材和宝贵的教学资源,也是中国共产党和中华民族宝贵的精神财富,是民族团结教育的重要依据和支撑材料。比如,遵义师范学院充分运用遵义红色文化优势,建起了红色文化研究中心,并被批准为贵州省红色文化研究基地、教育部红色经典艺术教育示范基地,"中国共产党革命精神与文化资源研究基地"也即将挂牌。丰富的红色文化资源为遵义师范学院注入更多的活力,为贵州教育的跨越发展凝聚更多的正能量。

要强化高校民族团结教育,必须要解决各民族之间互不了解的困境。而红色文化是整个中华民族的文化,它能有助于进行民族教育。因此,在高校中,应当建设红色文化与民族教育的综合课程,有利于学生对各民族的了解。红色文化的课程建设是一个系统工程,要做好细致的规划,才能有所依托。

1. 主要专业开设红色文化必修课

在思政专业、历史专业以及一些教育专业,可以将红色文化设为专业必修课,规定学分,有专门的教材、专业教师进行讲授。国家培养的大学生应当是符合社会需要的高级专业人才,是非常宝贵的人才资源。在这个多元文化和物欲横流的社会里,怎样开展好大学生的思想政治教育工作,也是十分重要的。在一些主要专业开设红色文化的必修课,有助于学生爱国主义精神的培养,同时,也可以减免产生浮躁、急于求成、急功近利的心理因素,使学生能提升学习热情、明确奋斗目标,关心学校的发展,关心各民族同学的发展。在革命战争年代,由中国共产党人、先进分子和各族人民共同创造并

极具中国特色的"红色文化"是一种科学的、健康的、有效的先进文化，能有效引导、感染和激励大学生，使之提升思想政治素质。

2. 针对少数民族学生开设红色文化选修课

除了在相关专业里开设红色文化的必修课，还应当为所有少数民族学生开设红色文化选修课，让少数民族学生感受红色文化，感受中华民族为了民族的解放、为了正义而并肩作战、奋勇向前的历史，更加理解民族团结的真实含义，也逐渐能宽容别的民族在不了解本民族生活习俗时犯忌或产生的误会。

此外，也可以在全校范围内开设选修课程，把学习红色文化和少数民族文化作为学习的内容。高校的学生来自全国各地，民族众多，学习各个民族具有代表性的风俗文化、生活习惯，有助于各民族同学之间加强了解，在交往过程中不易产生误会，是促进民族团结的好方法。

3. 聘请红色文化专家、少数民族专家开设专题讲座

除了相关专业开设必修课、少数民族学生增加选修课之外，还可以定期邀请学术专家、老革命同志做专题报告，作为对红色文化课堂学习的一个补充。这将使红色文化在高校进一步深化和普及，会增强学生对红色文化的了解和学习，而在红色文化中凝聚的民族精神，也将使高校民族教育更加生动形象、具体。讲座将促使红色文化课程得以延展。

还可在高校思想政治理论课中增加红色文化和民族团结教育的内容。丰富的红色文化资源彰显着革命历史的新平台、新课堂，在高校的思想政治课中开设红色文化专栏学习，既能激发学生学习红色文化的兴趣，又能培养学生树立高尚的品质，具有红色的精神，有助于民族团结的教育。

4. 建立课外学习平台，增强民族之间的交流

由于高校的课程设计和教学安排有预期的规划，这个规划范围并不能随意变化。即使要增设红色文化的课程，也只能在历史、政治等相关专业开设，其他学生只能在有限的选修课程中学习红色文化，而开设红色文化课程的班级十分有限，远远不能满足学生的需要。不仅如此，课堂学习的时间也十分有限，远远不能满足大学生对红色文化的求知欲。此外，贵州的少数民族众多，要了解所有的民族，仅仅通过讲座，也无法获知全部。因此，用好课余的交流学习时间十分重要。

学生可以通过丰富的课余交流平台进行学习。比如，设置班级QQ群、院系QQ群、微信好友圈等，让各个地区、各个民族的同学通过交流平台探讨、交流地方红色文化资源和各民族文化。所有同学可以通过各种交流群相互学习、了解，学生家乡的红色文化资源，以及其他民族的传统节日、风俗习惯

和音乐、舞蹈、手工艺品的制作等民族特色文化。课外学习平台还可以是同学之间面对面的交流，比如在课后召开座谈会，在每周的政治学习时间开展红色文化与民族团结教育的主题演讲活动……这些有利于各民族同学之间的交流有利于大学生开展民族团结的自主教育。高校应当为大学生提供相应的场所、设备的保障，让大学生在课余交流平台顺利开展学习实践活动。

综上所述，途径与方法的创新，是红色文化资源得到充分利用的基本保障。只有充分利用好红色文化资源，才能在高校有效实施民族团结教育，有效提升高校大学生的政治素养和文化素养。

（二）与高校思想政治理论课相结合，开展民族团结教育

1. 以新生入学教育为契机，开展红色文化与民族团结相结合的教育活动

高校新生教育能帮助大学生思想政治教育实现事半功倍之效。在新生教育这样一个大学思政教育的关键期，融入红色文化与民族团结相结合的教育活动，对各民族学生相互之间的了解，对贵州红色文化的认识都具有重要意义。

首先，通过红色文化与民族团结相结合的教育活动，将新生的思想凝聚到传承红色精神、弘扬民族团结中来。高中生转变成为大学生，最初的时候，思想上的转变还并未成熟。面对社会上道德失范，精神颓废，高校的思想政治教育更应该从新生入手，进行入学前的教育。贵州红色文化资源丰富，地处历史名城的遵义师范学院更是"红色文化研究基地"，各高校都可以到此学习，同时各地区之间也可以相互学习，感受红色精神，传承红色文化。红色文化能在物欲横流的社会现状下，填补大学生在思想层面的空虚和某些精神的失落。具体而言，红色文化与民族团结相结合的教育活动，能帮助大学新生在进入大学学习之前，树立正确的价值观和道德规范。

社会的急剧发展也使一些人信仰缺失、价值错位、道德失范。作为独生子女成长起来的90后大学新生，更需要一种忆苦思甜的精神，需要一种团结互助的思想指引，才能让他们回到奉献与服务中，升华到更为纯粹、更为高尚的精神之中。红色文化与民族团结相结合的教育活动，能帮助大学新生重建对共产主义的信仰，这是对人类本性的应有尊重。只有建立了传递正能量的信仰，才能解决道德失范的问题，才能帮助高校学子克服浮躁社会给予大学生精神上的倦态。因此要通过大力传承与弘扬红色精神，力争实现红色文化育人的功效。

2. 在思想政治理论课的教学中，把红色文化中的民族团结内容融汇在学生的德育教育之中

思想的引导包含两个层面的内容：第一，解析红色文化与民族团结的深

远意义；第二，传承红色文化与民族团结的精神力量。

红色文化是中华民族在特定的历史时期形成的优秀文化资源，在充分吸收、重组、融合优秀文化思想与我国现实国情相结合的基础上，继承了中华民族的伟大精神，是传播社会主义核心价值理论体系的天然载体，成为了中国文化软实力的强大支撑，同时也是具有价值观念和行为方式的精神文化。红色文化是中国共产党领导中国人民在长期的革命实践中凝练的思想精髓，是中华民族精神的重要组成部分。红色文化的核心精神内涵包括全心全意为人民服务的理想信念、集体主义精神、爱国主义精神、艰苦奋斗和积极向上等精神。在时代背景下，红色文化既可以净化心灵、鼓舞斗志、创发激情，又能激发大学生积极进取、健康乐观的生活态度，更重要的是，还能坚定大学生走中国特色社会主义道路的理想信念，是当前高校思想政治教育中重要的理论指导和价值导向之所在。在为中国特色社会主义事业培养合格和可靠接班人的同时，通过提高红色文化的传播性、认识性和影响性，深入分析、挖掘红色文化，深入了解其与高校思想政治理论课的结合点，充分发挥"红色文化"的教化功能和积极的导向作用，促进红色文化与思想政治教育的有效整合十分重要。

高校师生作为文化传承的重要承担者，要对红色文化，以及红色文化中的民族文化加以传播。使得红色文化与民族文化相得益彰，共同发展，为高校教育做出贡献。我们可以通过政治课堂、专题研讨、主题班会、广播、报纸、网络、实践活动、素质拓展计划等方式对大学生进行红色文化的宣传和教育，形成有序、有效的红色文化的延伸，将红色文化教育意义辐射到高校的每一个角落。另外，还可以通过整合媒介资源，建设校园红色文化传播体系。在更多的人可以参与传播的同时，增加大学生与红色文化的接触机会。让大学生进行学习探讨，从而弥补文化传播体系的不足，以达到红色文化的广泛传播。在高校思想政治教育中，要贯穿以红色思想为纵向，民族团结教育为横向的结合式教育，形成全员性、全过程性和全方位性推进红色文化教育、加强民族团结的良好局面；在教育过程中，要善于挖掘红色记忆当中的教育点，探寻红色记忆中的"民族团结"元素，哪怕它是微小的、零散的，但只要它是构成贵州红色文化资源的内容，就是有利于今天宣扬和促进高校民族团结教育的重要载体，也是促成红色精神潜移默化到每一个高校学子的重要过程。

只有充分发掘和利用红色文化独特的功能与价值，才能利于社会主义核心价值体系的实践运用。红色文化激励了一代又一代中华儿女为理想和信仰奋斗拼搏，中国革命波澜壮阔的历史进程、革命者感天动地的丰功伟绩永远都是教育后人的最佳题材，而融汇在其中的民族团结思想对国家稳定、繁荣富强更具有重要意义。当代大学生作为红色文化与民族团结的传承者，更要承担起传承之责任，将这一宝贵的精神财富发扬光大，将这一伟大的精神力量传递下去。

（三）通过社会实践活动开展民族团结教育

首先，可以创建红色文化教育基地，比如红色文化资源丰富的地区，当地的博物馆就是一个很好的教育基地。其他本身就有红色文化资源的地区，遵义的高校可将遵义会议会址、红军烈士陵园、娄山关等地点作为红色教育实践活动的基地，定期开展实践活动，使大学生在实践活动中了解红色文化的精神内涵。

其次，通过组织学生开展调研，实地考察革命史实，深入学习红色文化。利用寒暑假，开展"重走长征路"等红色实践活动，促进大学生熏陶红色思想、充实精神生活、升华思想境界，进一步加强民族大团结的思想教育。

再次，可以通过学习型的实践活动来宣传红色文化。比如，开展红色文化与民族文化活动的研讨会，关于红色文化、民族教育的知识竞赛等主题活动。形式的多样化使得文化的宣传易入人心，也能让大学生在学习实践中感受各民族团结奋斗、共同创造的红色文化的巨大魅力。充分发挥红色文化在塑造学生、影响学生、引导学生方面的优势。

最后，积极组织学生参加各级各类红色实践教育活动。比如，遵义师范学院学生通过参加五四全国大学生文艺汇演《五月的鲜花》，演绎红色经典节目，仿佛是经受了一次人生的洗礼，借助这一平台，他们深刻地体验和接受爱党爱国、民族团结的教育。

因此，贵州高校应当充分发挥红色资源优势，做好红色经典艺术教育、红色文化宣传教育，把红色教育融入到民族团结教育中，促进各民族学生成长、成才。

五、通过各种形式的红色文化活动进行宣传教育

红色文化的内涵十分丰富，蕴含着革命传统、民族精神以及中国民族传统美德的各个方面，因此红色文化活动开展的第一任务就是要确定主题。主题渗透、贯穿与活动的整个过程，体现了活动组织的主要意图。主题是活动开展的灵魂，主题决定着活动目标，红色文化活动的目标应该是对学生进行民族团结教育、爱国主义教育和社会主义教育，增强大学生的民族自尊心和

自豪感。

(一) 深化红色文化活动内涵，有效促进民族团结教育

①高校要依托红色文化，做好民族团结的教育工作。通过红色传统教育实践活动，帮助高校各民族学生树立高尚的理想和情操。充分发挥红旗团总支（团支部）的红色辐射作用，利用课间、课后的点滴育人作用，从世界观入手帮助学生树立服务社会和人民的理想信念；在广大青年学生中开展"优秀团学干部""优秀共青团员""优秀青年志愿者""十佳文明学生"等多种评选活动，激励更多同学树立远大理想、争做青年表率，为广大学生的思想政治教育注入活力。

②高校应以政治学习实践活动为红色文化传播载体，夯实民族团结教育的思想理论基础。把"红色文化"教育与日常教育相结合，注重进行世界观、人生观、价值观等教育，引导学生牢固树立爱国主义、集体主义、社会主义思想和鉴定的共产主义理想信念；接受红色文化的熏陶，激励学生艰苦奋斗，努力学习；开发、利用多种教辅材料，可以激发学生接受教育的兴趣和积极性，增强"红色文化"教育的效果。要坚持"以生为本，因材施教"的原则，按照学习与实践相结合的工作思路，抓学习、抓活动、抓骨干、抓制度，推动大学生民族团结理论教育向纵深发展。坚持每周一次政治学习或团队活动，普及理论学习到各团支部，做到有计划、有内容、有记录，使红色文化得以传承，民族团结教育覆盖到全校。

③要结合校内外重大事件，如通过五四、"一二·九"、校庆、抗灾救灾等重要纪念日的开展增强红色精神和民族团结的宣传教育活动，引导广大学生在邓小平理论、"三个代表"重要思想和科学发展观的学习实践活动中，用社会主义核心价值体系帮助自己树立坚定的理想信念。这些红色文化活动的主题就是要教育大学生团结一致，热爱祖国、热爱科学、艰苦奋斗、锐意进取、做社会主义事业的合格建设者和接班人。

④高校要在红色文化与民族团结教育的基础上拓展志愿服务形式，通过学习红军长征精神，开展新时代的"学雷锋"活动、"绿丝带"环保活动、"红丝带"防艾滋病宣传活动、"爱心家教"、走进农民工、无偿献血、社区援助、暑期"三下乡"等多层次、多方位、深入持久的志愿服务主题活动，在活动中加强各民族学生的了解和熟悉，使民族团结教育如同春雨，潜移默化，既拓展了志愿服务形式，又彰显了各民族青年志愿者的奉献精神，进一步深化了志愿服务的内涵。大学生在志愿服务中锻炼服务技能、提升服务质量，通过各种各样的社会服务实践活动来延续、检验课堂知识的学习，通过

服务实践活动体味奉献的意义,感受生命的价值,对红色文化的精神内涵,也有了更深层次的思考。①

(二) 丰富红色文化活动形式,有效促进民族团结教育

高校可以结合自身特点,在原有校园文化活动的基础上,增加红色文化活动的数量和形式,使高校红色文化活动得以丰富多彩,而寓于其中的民族团结教育也得到增强。

1. 通过以红色文化和民族教育相结合的社团活动开展教育

社团一直是大学里最具有自主性的学生组织,当下高校的社团文化非常丰富,但是,大多表现为一般性的文艺类、体育类社团,对于专门的红色文化与民族教育相结合的社团还未建立。因此,要加强社团文化建设的力度。通过建设红色文化与民族教育相结合的社团,打造以红色文化为核心,以民族精神为内涵的丰富多彩的社团文化,促使生成各民族学生团结友爱的凝聚力量,对于高校民族团结教育而言,至关重要。

首先,红色文化与民族教育相结合的社团有利于培养大学生的爱国主义情感。爱国主义是一种情感,诞生于中华民族危机与艰难环境中的红色资源,包含着无数中国共产党人对自己祖国浓烈的挚爱之情,他们把满腔的热血和辛勤的汗水铺洒在国家独立和崛起的坎坷道路上,铸起民族发展历程中的一座座丰碑。这份爱国情感是我们的宝贵财富。今天的大学生都是在改革开放以后成长的一代,物质充裕,生活条件优越,对先辈的奋斗历程已渐渐淡忘。因此,运用红色资源在社团中开展自主教育、自主学习,可以使大学生的情感得到陶冶,心灵得到升华,精神得到激励,更深切地体悟爱国主义的情怀,弥补用传统说教的方法进行爱国主义教育的不足,体现红色资源教育在培养大学生爱国主义情感、塑造爱国主义精神中的独特作用。

其次,红色文化与民族教育相结合的社团能自主培育大学生艰苦奋斗的创业精神。自强不息艰苦奋斗是中华民族的优良传统,也是当代大学生最需要强化的素质。当代大学生普遍存在社会经验不足、吃苦精神不够、抗挫折能力低下等缺陷,在新民主主义革命中形成的井冈山精神、长征精神、延安精神、红岩精神、西柏坡精神等,以及在社会主义建设和改革中谱写的一幅幅壮丽的中华民族精神的新画卷,包括抗美援朝精神、大庆精神、雷锋精神、抗洪精神、抗击非典精神、抗震救灾精神、航天精神等,无一不是中华民族

---

① 唐露萍:《浅谈红色文化对高校思想政治教育工作的影响》,见王爱华主编:《红色青春励志行》,西南交通大学出版社2012年版。

勤劳勇敢、自强不息精神的写照。通过在社团中开展红色实践活动，体验革命精神，使大学生明白在新的历史时期，树立勤奋的劳动意识和正确的创业意识，培养艰苦奋斗、勤劳勇敢、自强不息的品质，才能战胜前进中的各种困难，才能为现代化建设服务，实现中华民族伟大复兴的宏伟目标。

再次，红色文化与民族教育相结合的社团能帮助大学生树立崇高的理想信念。

学生通过社团活动了解学习红色文化资源，进一步增强民族精神。理想教育的立足点在于引导大学生自觉地把自己的人生追求同祖国的前途命运联系起来。革命战争年代，中国共产党之所以能在敌强我弱极端困难的条件下，领导人民战胜各种艰难险阻，夺取胜利，就是由于党教育培养了一批批有坚定共产主义理想信念的革命战士，他们用自己的生命和热血唤醒了民众，战胜了敌人。在大学生社团中开展红色教育活动，就是让当代大学生了解，尽管所处的时代和承担的责任不同了，但同样会遇到各种困难和挫折，同样需要学习先辈们的革命精神，像他们一样坚定理想信念，磨练意志，砥砺品格，从小事做起，时刻准备着担当历史重任，为实现中华民族的伟大复兴写下壮丽诗篇。

比如，在贵州、云南等地的高校，可以根据地方特色，创建红色蜡染社团，将红色与民族的境界完美结合。蜡染，是我国古老的民间传统纺织印染手工艺。贵州、云南苗族、布依族等民族擅长蜡染。蜡染图案丰富，色调素雅，风格独特，用于制作服装服饰和各种生活实用品，显得朴实大方、清新悦目，富有民族特色。红色蜡染社团可以开展蜡染技术学习活动、作品展示活动等，还可以红色经典故事中的形象为蜡染图案的模板，开展蜡染实践活动。在活动中，红色文化的浸润、民族团结力量的彰显，都悄然而生。可以说，红色民族教育类的社团文化是寓教于乐的重要体现。

2. 开展综合型红色艺术活动

综合型红色文化活动包括三个层面，第一个层面是整体性的红色专题活动。比如，红色专题的一场演出、红色专题的一次讲座、红色专题的一次社团活动、一场红色故事的讲述活动、一次红歌红舞大赛、一场红色诗歌朗诵会、一次红色书画展等。每一个专场都展示了一个红色文化与民族团结教育的重要时空。这样的专场有利于学生净化心灵，陶冶情操，增进各民族学生之间的团结友爱。

第二个层面是在各种活动中穿插一个红色节目。比如在综艺表演活动中，穿插一个红舞表演或红歌表演，或红色故事讲述，或红色诗歌朗诵，或红色情景剧表演等，是在综合主题之下的一个节目展示。单独的节目展示，较为省时、省力，节目也比较容易打造，但是教育效果没有专场活动明显。

第三个层面是综合红色与民族的文化理念，匠心独具地设计一个表现完整的节目，节目中要综合红色与民族教育的内涵。这个层面的活动展示既能凸现教育意义，又能减少专场的费用，以及人力、物力之付出，是值得提倡的一种活动形式。比如遵义师范学院在中央电视台"五月的鲜花"演出的舞台上，作为红色圣地和少数民族聚居地的代表，设计了紧扣红色文化与民族旋律的节目主题。"红色记忆"就这样展开：一个苗族的女孩正在遵义会议会址的窗框内剪纸，剪出一个个鲜活的红军形象，战士们手持武器和红旗在娄山关英勇奋战，把观众的记忆带回了那段难忘的峥嵘岁月。红军战士的精神影响了当代大学生，女大学生用手中的剪纸板展示了校园的风貌，以及学生学习和生活的场景。这是一个将红色文化与民族文化有机融合的经典节目。它以苗族姑娘进行传统的剪纸艺术为线索，剪活了红军战士的形象，也剪出了当代大学生的风采。节目巧妙地将民族文化、红色文化和校园文化融为一体，给观众留下了深刻印象，同时也对大学生起到了潜移默化的教育作用。

3. 开展红色科研活动

要加强科研训练，注重创新能力的培养。除了开展常规的科研竞赛活动，还应该在平时的课余时间加强红色文化课题的科研训练。根据高校实际情况，设计各种形式的大学生科研训练活动，使学生在科研活动中，调查了解红色文化的精髓，发掘红色精神中的民族团结精神，既让学生得到锻炼和提高，也在研究过程中得到启迪和教育。学生的研究成果还可以作为展示活动的重要内容，通过学生自主调研的课题成果，更具有说服力和教育意义。

无论开展何种红色文化活动，都要注意结合高校实际，积极扩大红色文化在校园中的影响力，才能更深入地将传统红色文化倾注和渗透到民族团结教育中。在开展活动的过程中，还要注意创新，如果总是一种形式的单一活动，会让学生产生倦怠，消解红色文化活动的教育成效。因此，创新红色文化的表现形式至关重要。就红色文化活动而言，红色的主题和内容可以相对固定，而体现活动主题和内容的具体形式则可以不断创新，从而提高红色文化活动的教育效果。例如用现代流行音乐的通俗唱法来演唱红歌，改编红色故事为微电影等，让大学生在21世纪依然能感受到红色文化的魅力，且经久不衰。

案例展示：开展红色文化活动，能有效促进学生的思想品质的提升，坐落在遵义师范学院的贵州省红色文化研究基地，在开展红色文化活动育人的过程中取得了丰硕的成果。

百年老校遵义师范学院沐浴着红色文化的洗礼，红色文化已经成为这个百年学府的精神食粮，同时也成为遵义师范学院的精神内涵。每到暑假，来自全国各地的大学生纷纷前往遵义师范学院，感受红色文化与百年师魂的融合气息，北京师范大学、同济大学、浙江大学、井冈山大学、西北工业大学等高校曾多次组织学生前往遵义，而遵义师范学院的学子更是充分运用地域资源，将红色文化浸染到每一个思想政治教育的领域中，让遵义师范学院的学子思想得以升华，心灵得以成长，每一次红色活动，每一次红色之旅，都是学生心中不灭的灯塔，为他们的前行指引了航向。

近三年，遵义师范学院共举办红色文化活动一百多次，接待外校开展红色教育活动十余次，在参加各级各类红色文化活动中获奖、通过奖励形式传承红色精神近千次。遵义师范学院将红色文化教育融入到思想政治教育中，除了理论教育之外，还将红色教育活动融入党校、团校、社会实践、劳动实践、成才规划之中，形成一个独特的思想政治教育板块，形成专门的板块设计和课程规划，寓思想教育于丰富的红色文化活动之中。同时，遵义师范学院的学子们走出学校，沐浴更为深广的红色文化，让其心中的红色情怀更加广博和深远。在中国共产党的诞生地上海，遵师学子和全国几十所高校共同许下"青春献给党"的庄严誓言；在中国革命的摇篮井冈山，遵师人怀揣着"永远跟党走"的信念，重走朱毛红军挑粮小道、重听红色故事、宣读红色书籍、重唱红色歌谣……感悟革命先辈坚定的理想信念、优良的工作作风，使其思想得到洗礼，心灵得到启迪。遵师学子是中国革命伟大转折点遵义的学子，在遵义会议会址、红军山、娄山关、红军四渡赤水纪念园、鲁班红军烈士陵园等红色精神浸染的土地上，他们更加懂得红色文化的珍贵内涵。他们和中国革命圣地延安的学子交流，共同体会红色精髓的迷人魅力；在中华人民共和国成立地北京，2011年和2012的中央电视台"五月的鲜花"大学生文艺会演的舞台上，遵师学子用铮铮铁骨和不畏难的精神真实再现了"红军不怕远征难"的情境；在2013年的央视舞台上，遵师学子将红色文化抒发到红色剪纸作品中，通过少数民族少女和青年红军的共同演绎，抒写了一曲经典的"红色记忆"。

正因为红色文化的熏陶，红色教育的磨砺，遵师人高尚的情操和可贵的奉献精神已经享誉海内外，在酒博会、茶博会、登山节等大型活动中，遵义师范学院的志愿服务活动获得了国内外友人的好评。而学校培养出的优秀学子，如2004级美术学院学生宋兴美，为减轻家庭负担，带着妹妹上学，获得"贵州省感动校园十大人物"提名奖；2005级美术学院的"海的女儿"烟台女孩王媛媛，考上选调生后，为山乡人民办实事、办好事，把美好青春和宝贵生命献给了贵州的大山（江口县闵孝镇）；2007级化学化工学院的周科永2011年被招考为贵阳市交警，在大雨中跑步为孕妇开道，被誉为"全国最美交警"；2012届汇川分院的杨朝霞和杨朝丽两姐妹，在交通不畅、信息闭塞的宝源乡严华小学支教，成为中央电视台《朝闻天下》里报道的"最美乡村教师"；2004届教育科学学院的学生郑维勇（仡佬族），回到家乡道真自治县桃园中学支教，从支教老师到村党总支书记，他始终把老百姓的疾苦和利益放在第一位。带领村民脱贫、抗旱，立下不朽功劳，2011年12月，被选为省第十一次党代会代表，后又被选为第十二届全国人民代表大会代表……

还有无数这样的遵师学子，他们历经红色文化的洗礼，牢记母校的教诲："扎根西部、服务山乡"。他们将红色精神最大化地传承下来，将学校培养人才的目标（留得住、下得去、用得上的应用型人才）充分实现，将遵义师院人的红色思想和高尚情操演绎得淋漓尽致。①

---

① 引自遵义师范学院"青春师院"网站，作者：唐露萍。有改动。

附：红色文化活动素材举隅

1. 苟坝会议的故事

在遵义县枫香镇，有个不起眼的小村庄，日益引起人们关注。这个村庄，就是苟坝村。苟坝村是一片峰丘环抱的岩溶坝子，东、北、西三面分别是石牛山、马鬃岭、崖头山和银顶山等高山。苟坝会议会址"新房子"就掩映在一片树林和竹林中。

遵义会议于1935年1月15日至17日召开。据陈云手稿记载，遵义会议作出了四条决定：①增选毛泽东同志为政治局常委；②指定洛甫同志起草决议，委托常委审查后，发到支部中去讨论；③常委中再进行分工；④取消"三人团"，仍由最高军事首长朱、周为军事指挥者，而恩来同志是党内委托的对于指挥军事上下最后决心的负责者。毛泽东同志关于红军作战的基本原则主张得到肯定，但是在军事上，仍由最高军事首长朱德、周恩来为军事指挥者，恩来同志是党内委托的对于指挥军事上下最后决心的负责者。毛泽东同志是周恩来军事指挥上的帮助者。事实上，此刻的毛泽东同志还没有指挥红军的权力。

中央红军二渡赤水后，即向敌人兵力空虚的桐梓地区急进。红军回师黔北成功，打乱了敌军部署。川军慌忙由扎西调头向东追击，黔军急冲冲地抽调部队向娄山关、桐梓增援，蒋介石调军由黔西、贵阳向遵义开进，企图阻止并"围歼"红军于娄山关、遵义一带。红一、红三军团在彭德怀同志的统一指挥下，在红五、红九军团的配合下，以迅雷不及掩耳之势，先是重占桐梓、二取娄山关，继又再克遵义城。这样，从1935年2月24日至28日的5天之内，共歼灭和击溃敌军两个师又8个团，毙伤敌2 400余人，俘敌3 000余人，取得了长征以来最大的一次胜利。红军将士扬眉吐气，士气高涨，部分红军将领出现求战心切的现象。

毛泽东同志当时的军事指挥职务是前敌司令部政治委员（时称前敌总指挥）。猴场会议后，中共中央政治局收回了中革军委的军事决定权和指挥权。中央红军的每一个军事行动都必须由20多人参加的中央会议讨论，最后由周恩来同志下最后决心。

娄山关大捷后，1935年3月10日1时，红一军团林彪、聂荣臻一个"万急"电报建议中央红军放弃攻打坛厂的计划，改攻驻打鼓新场（今金沙县城）的国民党"追剿军"王家烈纵队（黔军）。这一军事主张，与毛泽东同志早在云南威信县境就构思好的"把滇军调到贵州腹地来，绕个大圈子把中央红军带出蒋介石大包围圈套小包围圈的绝境，北渡金沙江去川西北会合红四方面军，创建新根据地"的战略计划相悖。朱德同志时任红军总司令、前敌司令部司令员，他支持林、聂的建议，理由是：打鼓新场是黔北首镇，又是通往毕节的要塞，黔军比国民党中央军好打，打开打鼓新场有利于中央红军拓展川滇黔边根据地基础。

3月10日，中共中央总书记张闻天在遵义县第十二下区平安乡苟坝新房子召集驻苟坝的中央政治局委员、候补委员，中央革命军事委员会委员和部分中革军委局以上首长开会，专题讨论进不进攻打鼓新场问题。这是一场争论激烈的会议，从早上开到夜间。会上，毛泽东同志坚决反对进攻打鼓新场，他反复强调不能打固守之敌，应当在运动中歼灭敌人。现在看来，这样的主张符合当时敌我态势，是正确无疑的。经过激烈争论，毛泽东、周恩来、朱德终于说服参会的中央政治局委员、候补委员和中革军委委员放弃了本来立即将予执行的打鼓新场作战计划。

随后，中共中央情报二局的情报证明，打鼓新场不但有敌重兵固守，蒋介石还部署了大军在打鼓新场集结完毕，进攻打鼓新场将是一场血战，等待红军的命运实在难测。毛泽东同志在苟坝会议的清醒判断和毫不动摇的坚持，充分表现出他惊人的军事才能，让红军将领口服心服。毛泽东同志乘热打铁，向周恩来同志建议：成立一个几个人的小组，代表政治局指挥军事。张闻天同志非常赞同。3月12日上午，张闻天同志再次召集政治局扩大会议，亲自提议由周恩来、毛泽东、王稼祥3位同志组成中央"新三人团"，全面负责红军战略决策。至此，遵义会议确定的中央军事领导的改变，在苟坝才画上圆满句号。

2. 红军在土城战役中的得与失

作者：遵义师范学院　陈保健

土城战役的起因

1935年1月中旬，中央红军长征到达贵州遵义地区，1月15日至17日中共中央政治局在遵义召开了扩大会议，纠正了王明"左"倾冒险主义在军事上的错误，确立了毛泽东同志在红军和中央的领导地位。这个时候，蒋介石为了阻止中央红军进四川同红四方面军会合或东入湖南同红二、红六军团会合，纠集了黔军全部、滇军主力和四川、湖南、广西的军队各一部以及国民中央军薛岳兵团共150多个团，40余万人，从四面八方向遵义地区逼进，企图"围剿"中央红军于乌江西北、川黔两省边境地区。

红军面临非常严重的局势。为了粉碎国民党的"围歼"计划，争取战略主动并在运动中消灭敌人，遵义会议上刘伯承、聂荣臻力建到四川建立根据地。聂荣臻认为："四川条件比贵州要好得多。从我到贵州看到的情况，这里人烟稀少，少数民族又多，我们原来在贵州又毫无工作基础，要想在这里建立根据地实在是太困难了。而到四川，一来有四方面军的川陕根据地可以接应我们，二来四川是西南首富，人烟稠密，只要我们能站稳脚跟，就可以大有作为，三来四川对外交通不便，当地军阀又长期有排外思想，蒋介石想往四川大量调兵不容易。""这个建议，经过大家商量，被会议所采纳。"① 中革军委决定在敌军尚未形成合围之前，向遵义西北地区川黔交界的赤水、土城地区集中，并在川南泸州西南的蓝田坝、大渡口、江安一线北渡长江，进至川西北，同红四方面军一起实行总反攻，到川西北去建立根据地，争取赤化四川。

土城战役的经过

1935年1月遵义会议后，中央红军从遵义兵分三路进入习水，向土城、赤水进发，拟从泸州和宜宾之间北渡长江，与川西北的红四方面军会合。

蒋介石调集川滇黔湘桂五省兵力，一方面重兵封锁长江，另一方面向土城四周的松坎、温水、赤水、叙永、合江一带推进、企图"围歼"红军于黔北。24日，红一军团进占土城。25日后，红三、红五军团和军委纵队陆续抵达土城。同时，川军郭勋祺部两个旅从温水、东皇尾追而来，27日与红军后卫部队接火。

1月27日，中央军委纵队抵达土城镇。红五军团在土城东北地区集结待命。土城位于黔西北，是赤水河东岸重要渡口，是川盐和川货入黔的主要集散地和咽喉要道。此时，在不到1 000平方千米的土地内，以土城为中心云集了中央红军的所有人马。

土城自古兵家必争之地的青杠坡为东皇至土城之咽喉，距土城仅3千米，

---

① 杨尚昆：《追忆领袖战友同志》，中央文献出版社2001年版，第215页。

中革军委获悉川军郭勋祺、潘佐两个旅4个团（实为6个团）的兵力突然向土城这边包抄过来，并抢占离土城东5千米的青杠坡、永安寺、银盆顶、寒风坳等高地，企图"围歼"中央红军。此时周恩来、毛泽东同志和朱德正在毛住处商议下一步战略，得此情报后立即召开紧急会议，部署土城战役（青杠坡是主战场）。军委命令红三、红五军团占居土城以东2到4千米处两侧有利地形，红九军团和红一军团二师担任总预备队，摆开决战架势。

青杠坡战斗由彭德怀、杨尚昆负责战场指挥，红三、红五军团进占尖山子、桐梓窝等高地，并派一部到凤凰嘴钳制敌人。28日拂晓，战斗打响，毛泽东、周恩来、张云逸、李富春、左权等同志到青杠坡附近的大埂上指挥战斗，由于对敌情判断有误，对川军的战斗力也估计不足，而且后援部队还不断扑来，敌我展开激烈拉锯战，红军部多阵地被突破，危急关头朱德总司令和刘伯承参谋长亲自上火线指挥，毛泽东同志又令陈赓、宋任穷率干部团发起冲锋，浴血奋战夺回了部分阵地，红二师由元厚跑步回援，阵地得以巩固。

毛泽东同志及时掌握战场形势的变化，鉴于在战场的敌人比原来侦察的多得多，而且援军即将赶到，在战场阵地巩固以后，决心撤出战斗。他说：土城不能打："一、地形不利于我们，河流多；二、敌人的援军已快要赶到，敌人的兵力都集中到这里来了；三、这一仗再打下去，就是一个消耗战，会使我军损失太大。"①

28日中午，中革军委调整部署，红一军团抄袭右翼，红军向敌营棚顶主阵地发起冲锋10余次，与川军展开白刃肉搏，付出沉重代价后夺取营房棚顶与敌对峙。此时，3万多红军被压制在土城不足15千米的狭长河谷地带，形势万分危急。面对强敌压境之势，中革军委在土城召开紧急会议，毛泽东同志在会上果断提出："为了打乱敌人尾击计划，变被动为主动，不应与郭（勋祺）师继续恋战，作战部队与军委纵队应立即轻装，从土城渡过赤水河西进。"② 中革军委决定改变原定北渡长江计划，主动撤出战斗，保存实力，变被动为主动，全军立即轻装，从土城、猿猴一带西渡赤水河，向川南前进。29日凌晨开始，红军兵分三路从土城浑溪口，蔡家沱元厚沙沱一渡赤水河，以灵活机动的运动逐步摆脱了敌人，迈出了由被动转为主动的第一步，青杠坡战斗为红军一渡赤水河争取了宝贵的时间。

---

① 1964年6月28日—7月1日《访问江西南昌老红军座谈会记录》，遵义会议纪念馆资料。
② 吕黎平：《青春的步履》，解放军出版社1984年版，第180页。

附：红色文化活动素材举隅

在这场惨烈的战斗中，党的两代领导核心，共和国3任国家主席，1任国务院总理，5任国防部长，7大元帅，200余位将军参加了战斗，红五军团政委赵云龙等1 000多红军将士壮烈牺牲，张宗逊、杨成武、杨勇、张震等指挥员负伤，红军伤亡3 000多人，歼敌3 000多人。

土城战役，是遵义会议后的一场恶战，红军牺牲近千人，敌军伤亡3 000多人。这一仗红军未能达到预期目的，是因为没有摸清敌情，低估了川军的战斗力。但是，红军在这次战斗中也有很多收获。

第一，关于"土城战役"的战略意义和对红军四渡赤水的影响，毛泽东同志曾经有过精辟的论述。他说："土城这一仗，由于及时渡过了赤水，摆脱了尾敌，改变了被动局面。部队果断地变为轻装，甩掉了包袱（笨重物资），行动更自由了，更能打运动、游击战了。这又为后来三次渡赤水打胜仗，创造了有利条件。"① 从毛泽东同志关于土城战役的这段论述中，可以明显地看出：土城战役是中央红军在长征途中的关键时刻打破国民党军的围追堵截，变被动为主动的一次重要战役。土城战役补充和完善了毛泽东同志关于运动战和游击战的军事理论，为后来三次渡过赤水打胜仗做了思想准备。由此可见，土城战役是遵义会议后中央红军在长征途中的一次重大军事行动，是有关中央红军前途和命运的一次大决战。

第二，土城至赤水县城之间是一条狭窄的河峪地带，不便于大部队的作战和转移，这对于中央红军来说，完全是死路一条。中央红军进入土城后，毛泽东同志已觉察到土城对于红军生存的重要性，他根据当时的敌我状况，北出四川与四方面军会合的第一方案已不能实现，于是决定控制住土城这一军事战略要地，趁土城以西敌军尚未形成合围之时，实施第二套方案，从土城西渡赤水进入滇东北地区，以便在战略转移上赢得主动权。为了给中央红军从土城西渡赤水赢得时间，以毛泽东同志为首的中央红军最高领导层在土城召开会议，决定趁尾追川军跟得最近、人员最多、且立足未稳之际与之决战，力争消灭或击溃它，以打破蒋介石扼杀中央红军于赤水河狭峪的图谋。这是中央红军在非常时期进行土城战役的战略决策核心所在。如果土城战役战场失利，中央红军就必须放弃土城和西渡赤水而沿河东岸北撤。这是一条蒋介石最乐意看到的危险之路；如果土城战役战场获胜，中央红军就有打破敌人企图，实现战略转移的机遇和时间。由此可见，对于红军来说，土城战

---

① 吕黎平：《青春的步履》，解放军出版社1984年版，第181-182页。

役必须打，而且必须打赢。要打赢就必须同川军决战。土城战役的结果证明，尽管战役进行得十分艰苦和激烈，红军伤亡较大，但最终以红军在战场上的全线胜利赢得了整个战略上的胜利。

第三，评价土城战役的得失和战略意义，应该从战略高度看它能否达到将川军击溃，使其再不敢咬住红军不放，从而让中央红军达到西渡赤水跳出重围的预期目的。再者，土城一战，川军伤亡亦大。川军郭勋祺部因土城一战失利，迫使其后撤7.5千米，再不敢与红军接触，使中央红军有机会平安完整地渡过赤水河南进，这是战斗的结果和客观事实。

土城战役的战场和战略主动权始终控制在红军手中，战斗开展是红军首先向川军发起进攻，最后将其击溃迫使其后撤7.5千米，红军完全有能力继续猛追将其全部消灭。但鉴于整个战略考虑，不能因小失大，于是毛泽东同志决定红军不要恋战，应抓住川军溃撤之机迅速从土城西渡赤水，打破蒋介石围歼红军于赤水河谷的图谋。

第四，土城战役和四渡赤水的成功证明，以毛泽东同志为首的红军中央领导层决定实施土城战役的战略决策是英明和正确的。土城战役使红军打出了威名。川军急先锋的郭勋祺模范师因在土城战役中受到重创，再不敢死死咬住红军不放，直到整个四渡赤水顺利完成，川军都只是远远地摆摆阵势而不敢与红军交恶，这就为中央红军在四渡赤水期间穿插于川滇黔三省之间而不受来自于川军的压力和干挠打下基础。

毛泽东同志曾说："四渡赤水才是我的得意之笔。"四渡赤水包括一渡赤水前的土城战役。这一仗是改变红军被动局面的关键一仗。没有土城这一仗的战场和战略上的胜利，中央红军长征的历史将会是另一种结果。因此说四渡赤水的顺利和成功，首先是土城战役和一渡赤水的胜利和成功。

最后要指出的重要一点是：我们今天提出研究土城战役的战略意义，还在于它丰富和完善了毛泽东同志的军事思想，使其在这次战斗中得到了一次较大的升华。由于土城战役的战略目的和决战性质决定了该战斗的艰苦激烈，加上当时军情紧急，使毛泽东同志在这次战斗中悟出了自湘江战役以来随红军而行的笨重物资给红军机动作战造成许多拖累，已经危及到了中央红军的行动和安全，于是他果敢决定战斗结束后丢掉一切笨重物资，为红军一渡赤水后进入川滇黔三省毗邻地区打运动战和游击战做好准备。

"打得赢就打，打不赢就走。"这是毛泽东同志的战略战术思想，也是他的高明之处。发现问题后，敌变我变，适时改变作战计划，从不利的战局中摆脱出来，化被动为主动，为以后的三渡赤水打胜仗创造了条件。红军指战员从遵义会议前"处处受制于敌""走也走不动，打也打不好"，到遵义会议后"走的利索，打的痛快"的变化中，深刻认识到"毛主席的军事路线是我军克敌制胜的法宝"。① 大家一致认为："还是毛主席来领导好，他一指挥，就打胜仗。"② 指挥者主观指导的正确与否是战争胜负的决定因素之一。毛泽东同志出神入化的军事指挥艺术，是红军能够化被动为主动、夺取战略转移最后胜利的重要保证。

青杠坡是红军四渡赤水的发轫地，青杠坡战斗拉开了四渡赤水战役的序幕。此后的两个多月，红军四次飞渡赤水河，穿插于敌重兵之间，驰骋于川滇黔边广大地区，跳出了40万敌军的围追堵截，写下了毛泽东同志军事指挥艺术出奇制胜的得意之笔。

3. 红色歌谣

（1）鼓舞和激励红军士气的歌谣

《渡江歌》（红军战士童小鹏、邓飞教唱，1985年二人曾回到桐梓）：

>　　高山流水响叮当，英雄的红军要渡江。
>　　不怕山高路又长，更不怕河流来阻挡。
>　　我们要渡江，我们要渡江。

桐梓老红军何辉回忆当年教唱的歌谣：

>　　我们英勇善战，
>　　反攻已经胜利了。
>　　万死敌人新的围攻随时又来到。
>　　为了创建新的苏维埃，
>　　大家努力起来吧。
>　　英勇的红军战士，
>　　我们勇敢前进，
>　　消灭当前一切敌人，
>　　努力再打大胜仗，
>　　赤化云贵川。

---

① 张爱萍：《从遵义到大渡河》，见《红军长征·回忆史料》，解放军出版社1995年版，第272页。

② 李聚奎：《遵义会议前后》，见《红军长征·回忆史料》，解放军出版社1995年版，第263页。

桐梓赤卫队员唱的歌谣：
  创造工农红军铁的骨干，
  武装我们的头脑，
  努力锻炼，
  准备作战，
  磨刀擦枪上前线。
  我们是苏维埃的靠柱子，
  我们是抗日人民的先锋，
  努力锻炼，
  磨刀擦枪上前线。

仁怀老百姓传唱的歌谣：
  《黄连树后有甜柑》
  行路不怕道路弯，爬山不怕荆棘拦。
  革命不怕苦和累，红军不怕远征难。
  《最后胜利是我们》：
  铁腿踏破万里云，脚踩黔军牵川军；
  能打善走是红军，拖垮累死"中央军"，
  最后胜利是我们。

（2）发动群众起来反抗压迫和剥削的歌谣
  《红军来了不纳粮》：
  太阳出来暖洋洋，红军来了不纳粮；
  又分钱来又分米，穷人有了救命王。
  《当兵要当红军哥》：
  爬坡要爬绿竹坡，过河要过赤水河。
  走路要走长征路，当兵要当红军哥。
  有心上树不怕高，有心下海不怕潮。
  有心跟着红军走，不怕雷打与火烧。
  《红军到，干人笑》：
  红军到，干人笑，绅粮叫。
  白军到，干人叫，绅粮笑。
  要使干人天天笑，白军不到红军到；
  要使绅粮天天叫，白军兄弟拖枪炮。

拖了枪炮回头跑，打倒军阀妙妙妙！
（见于贵州省仁怀市长干山区大王寨农民王泽光家）

（3）描写红军战斗和瓦解敌军的歌谣

《惊叹红军是天兵》：

红军夜行军，白军想紧跟；
三转两转无踪影，气得追兵头发昏。
架起机枪胡乱打，引来四处响枪声；
乒乒乓乓到天亮，双方伤亡数不清；
鼓起眼睛仔细看，死的全是"中央军"。
白军一场狗咬狗，惊叹红军是天兵。

《跟着毛主席向前进》：

同志们，快步行，前进路上遇阻敌，
今天行军八十里，毛主席亲自来率领。
……
勇敢顽强杀敌人，跟着毛主席向前进！向前进！

《王家烈吴奇伟，两个都是害人鬼》（快板一则）：

王家烈，吴奇伟，两个都是害人鬼，
带着鱼兵和虾将，妄想来把红军围。
一路拉夫又派款，搞得狗跳鸡又飞，
烧杀掳掠又奸淫，横冲直撞赛土匪。
遇到红军就倒退，只恨爹娘少生两条腿。
死的死来伤的伤，活的举枪忙下跪。
丢盔卸甲四处窜，撂下枪弹成堆堆，
哭爹叫娘喊皇天，皮青脸肿好狼狈。
二十多个团全完蛋，气得蒋介石掉眼泪。
垂头丧气像乌龟，浑身发抖面如灰！

《太平世界在今年》：

官僚军阀面团团，害得穷人没裤穿。
打到军阀吴奇伟，太平世界在今年。

（4）反映军民鱼水情深，人民热爱红军的歌谣

《打双草鞋送红军》：

打双草鞋送红军，表我干人一片心。

亲人穿起翻山岭，长征北上打敌人。
《迎红军》：
红军到，地主跑，
土豪哭，干人笑。
分白米，领猪肉。
打老蒋，灭东洋，欢迎红军住下来。
《送红军》：
鞭炮响，红旗飘。
送红军，泪洒襟。
干人们，要斗争。
团结紧，送红军，
红军要回来，大家请放心。
《打铁歌》：
"早打铁，晚打铁，从早一直打到黑。
红军同志来哎！
马刀钝了来安钢，梭镖断了拿来接。
《红军走了留那样》：
红军走了我在想，想留他在桐梓县；
红军走了我在记，红军恩情记心间。
红军走了留那样，留下话儿暖心肠；
红军走了留那样，定把土豪全杀光。
《红军恩情比水长》：
红军们，主意强，不怕兵马和刀枪。
轻轻点燃火药炮，揪住魔鬼一窝蜂。
除魔鬼，又清脏。红绸绿缎百宝箱，
穷苦干人得一份，红军恩情比水长。
《红军送我一把壶》（花灯调）：
红军送我一把壶，装起凉水当吃肉；
穷人吃了壶中水，千年穷根要拔出。
红军送我一把壶，金子银子难买出；
红军热爱老百姓，穷人难舍红英雄。
红军送我一把壶，雪白茶壶唑似明珠，

红军开去打日本，见壶如见太阳出。
红军送我一把壶，干人欢笑财主哭；
茶壶是我翻身宝，儿子儿孙都幸福。
茶壶编灯唱红军，水干壶破不变心，
翻身不忘共产党，干人心连红军心。"

《久旱的禾苗望下雨》：
久旱的禾苗望下雨，雾海的航船望标灯。
红军啊，受苦的苗家盼望你，就像黑夜盼望月亮和星星。
无娘的鸡崽望白米，离群的山鹰望树林。
红军啊，受苦的苗家盼望你，好比隆冬黑夜盼天明。
红军走了两年半，穷人眼睛都望穿。
亲人啊，啥时再回环？

《过路红军有多少》：
甲戌年红军过大桥，过了七天过不了，
我向河水来打听：过路红军有多少？
河水不说又不讲，哗哗啦啦只是笑。
我向树林来打听：过路红军有多少？
树林不答也不应，欢欢喜喜把身摇。
岩鹰飞来把话讲，指着蓝天对我道：
天上星星有多少，过路红军有多少！①

4. 红色诗词赏析——毛泽东《忆秦娥·娄山关》

作者：张嘉林

娄山关，因1935年的遵义战役而闻名中外。1935年1月，中央红军在毛泽东等人指挥下，二渡赤水回师黔北，在娄山歼灭黔军四个团。娄山关战斗为遵义战役拉开序幕，这是中国共产党领导的中国革命的转折之战。战后的毛泽东策马过关，心潮起伏，咏出了这千古名篇《忆秦娥·娄山关》：

西风烈，长空雁叫霜晨月。霜晨月，马蹄声碎，喇叭声咽。
雄关漫道真如铁，而今迈步从头越。从头越，苍山如海，残阳如血。

作者自注云："万里长征，千回百折，顺利少于困难不知有多少倍，心情

---

① 附件歌谣参见王爱华等主编：《多维视野下的红色文化》，西南交通大学出版社2011年版，第138－142页。

是沉郁的。过了岷山，豁然开朗，转化到了反面，柳暗花明又一村了。以下诸篇①，反映了这一种心情。"

"沉郁"是因为中国革命处于低谷，遇到了难以想象的艰难困苦：第五次反"围剿"失败，红军损失过半，不得不万里长征；张国焘另立中央，带走了红四方面军，给党的事业造成了巨大损失；自己在党内没有决策权，正确的提议常常被博古、李德否定，倍受排挤打击。战局渐见恶化，根据地损失十之八九，其沉重郁闷的心情可想而知。毛泽东在《论反对日本帝国主义的策略》中回忆到："十二个月光阴中间，天上每日几十架飞机侦察轰炸，地上几十万大军围追堵截，路上遇着了说不尽的艰难险阻。"到遵义的时候，红军队伍弥漫着沮丧、迷茫的气氛。出路究竟在哪里啊？诗人对眼前处境的感受，如同凛冽的西风，浸人肌骨，难以承受。"西风"可作北风解，农历正月，南方地区春风未到而北风仍紧。此为实景，喻指国民党势力的强大，红军正在经受前所未有的残酷现实。

在黔北，从秋末到初春，少雪而多霜，不同于北国的"银装素裹"。凌晨起来，抬头是那挂在天上的一轮残月，低头是被寒霜覆盖的大地，也能听到北飞的大雁的鸣叫。晨月、晨霜给人以寒冷之感，雁叫会让你心存悲凉。"群雁高飞头雁领，"有头雁的引领，群雁不会迷失。可是引领中国革命的头雁呢？你到底要将红军带往何处？此时的红军，不就是迷失的群雁吗？而就在这西风凛冽，长空中大雁鸣叫，霜花满地，残月在天的黎明之际，一场战斗即将打响。"霜晨月，马蹄声碎，喇叭声咽。"写战前行军布阵的情景：马蹄声时大时小，急促零乱；军号声时断时续，低沉悲咽。烘托出战前气氛的紧张，形势的严峻。这次战斗能否取得胜利，关系重大。

于是，凌晨凛冽的风声、凄凉的雁叫、细碎的马蹄声，悲咽的喇叭声，共同渲染出"沉郁"的气氛，将读者引入悲情。如果上阕是沉郁凄冷的色调，那么下阕则有了变化。

"雄关漫道真如铁，而今迈步从头越。"雄关，娄山关，位于大娄山脉主山脊中部，因险要而闻名。其山陡峭险峻，其关巍峨挺拔，为古人常多慨叹，故留下不少诗篇。这些诗篇多咏叹其险要峻峭，如古谚云："天上有个山关楼，地上有个娄山关。人过要低头，马过要下鞍"；或讴歌其雄奇壮丽，如清人李铠《龙山关》之"雄关据险回飞鸟，峭壁凌虚倦宿云。"莫友芝有"大

---

① "以下诸篇"指《十六字令三首》《七律·长征》《念奴娇·昆仑》《清平乐·六盘山》。

附：红色文化活动素材举隅

楼高压万峰巅，鸟道才容一线穿"（《娄山关》）之佳句。据说李白当年到此，留下《题楼山石笋》："石笋如卓笔，书之山之巅。谁为不平者，与之书青天。"娄山关自古为黔北咽喉，川黔往来必经之地。一夫当关，万夫莫开。这样的天险关隘，在红军面前也不过"等闲"而已。"漫道"（不要说）是一种姿态，一种在困难面前无所畏惧的姿态。

　　诗人于是从"沉郁"中走了出来，尽管离"更喜岷山千里雪"那种"开朗"的心境还有一段距离。遵义会议的召开，让历史作出了新的选择，结束了过去"左"倾路线的错误领导，建立了以毛泽东为首的新的中央领导，从此正确的政治路线与军事路线得以确立。毛泽东是在中国革命危难之际担当大任的，"天将降大任于斯人也"，一切都可以重新开始。

　　"从头越"是一种自信，一种勇于担当大任的自信。这种自信，源于对共产主义执着信念，源于对建立人民政权的坚定信心。不因为受排挤而怨天尤人，不因为挫折、失败而颓唐绝望，也不因为一点胜利而盲目乐观。既有对过去的清醒认识，更有对未来的殷切祈盼。

　　此时站在娄山之巅，毛泽东自是别样心情。"苍山如海，残阳如血。"此两句一直为人称道，就连毛泽东自己也认为是颇为成功的佳句。据作者说，是在战争中积累了多年的景物观察，一到娄山关这种战争胜利和自然景物的突然遇合，就造成了作者以为颇为成功的这两句话。① 这是一幅怎样的画面？一代伟人矗立山巅，放眼望去，那起伏的山峦，就好像大海的波涛。如海之苍山，自有雄奇壮美的一面。娄山关之战，是整个遵义战役中最为关键、最为激烈的战斗。它包括25日夺取娄山关和26日守住娄山关两个阶段。头一天从早晨一直战到黄昏，终于控制了关口。次日经过反复激战，击退了敌人的反扑。毛泽东之于山，有着一份特殊的感情。这位大山的儿子，从韶山出来，上井冈山，战娄山关，几经风霜，几多磨难。山，在他的笔下，常常象征红军形象。红军与敌人的战斗，是"倒海翻江卷巨澜，奔腾急，万马战犹酣"（《十六字令三首》）那么的激烈，那样的壮观。

　　"残阳"，夕阳，快落山的太阳，也是诗人眼前所见之客观景物。客观景物，往往是诗人情感的投射。这一意象到底蕴含了怎样的情感？李商隐说："夕阳无限好，只是近黄昏。"夕阳是美好的，因为它把自己的余晖毫无保留地奉献给了大地；夕阳又是残缺的，残缺也是一种美。人有悲欢离合，更有

---

① 臧克家主编：《毛泽东诗词鉴赏》，河北人民出版社1990年版，第340页。

流血牺牲,如血的夕阳,增添了画面的悲壮之美。娄山关之战胜利了,但前面的路还很长。"从头越,苍山如海,残阳如血。"既是自信乐观的(对中国革命的前途充满信心)、又是豪壮悲凉的(多少红军烈士为了革命胜利而血洒疆场),蕴含了丰富复杂的情愫。

《忆秦娥》一调,据说最早源于李白。用仄声韵,多表现悲凉之情绪。李白的《忆秦娥》表达的就是一种悲情——离别之悲,无常之感。在毛泽东的所有词作中,用此调所写的仅此一篇。毛泽东此篇既是悲情的流露,又是豪情的展现,更是一代伟人人格的彰显。